Way Out of Memory

CHRISTINE KERN

ISBN 979-8-89345-606-6 (paperback)
ISBN 979-8-89345-607-3 (digital)

Copyright © 2024 by Christine Kern

All rights reserved. No part of this publication may be reproduced, distributed, or transmitted in any form or by any means, including photocopying, recording, or other electronic or mechanical methods without the prior written permission of the publisher. For permission requests, solicit the publisher via the address below.

Christian Faith Publishing
832 Park Avenue
Meadville, PA 16335
www.christianfaithpublishing.com

Printed in the United States of America

Contents

Acknowledgments: Danksagung v
Introduction: Help Others with What You Have
        Experienced and Write This Down vii
Testimonial: Transcript xiii

Part 1:   A Date at a Fast-Food Restaurant 1
Part 2:   Pink and Red Glasses 5
Part 3:   Inhibition to Violence 10
Part 4:   Vacation with the Ex 15
Part 5:   Let's Talk about Narcissism (Dry Exercise) 20
Part 6:   In the Mirror of Narcissism (Memory) 32
Part 7:   Without My Consent 36
Part 8:   We Need to Talk about It—Attrition 42
Part 9:   Be Free 47
Part 10: Parallels 50
Part 11: Psychology Meets Jörg 54
Part 12: Bodily Injury to the Child 59
Part 13: The Journey Is the Destination 64
Part 14: Forgiveness 67
Part 15: Confess 69
Part 16: Restart 70

Acknowledgments
Danksagung

I thank you, my father, for your mission, for the fight to take detours, to look for an escape route so that you don't have to start your mission.

Thank you for so many harsh and honest words that you said to me, and I didn't want to see why it was so important.

Thank you for the hourglass you gave me and your words about finally starting when it runs out.

Thank you for the faith you give me, the power, and the strength to make it happen.

Thank you for the tear I was allowed to shed to heal. There were many, many tears.

Thank you for showing me the expired hourglass. You always remind me of your words from April 7, 2016: "You are like Jonah." Now I understand what you mean.

Thank you for the numerous attempts to begin this mission and for never finding the strength to continue in your word and stay in your mission.

Thank you for being able to express all the hate in words and delete it to realize that this is not your will.

Thanks to my amazing sons, who endured every Tourette's bout of bad words and curses because I was afraid to start and finish this assignment.

Thanks to all former friends or contemporaries who didn't believe I could do this.

Thanks to all the friends who strengthened me, prayed with me, and knew that I would make it.

Thanks to the handkerchief factory. Without you, the book would have become an oversized sponge.

Thank you to everyone who reads this book and can leave strengthened.

Thank you to those who gave this book as a gift; you have given someone a helping hand.

Thanks to those who threw my book against the wall. Let me tell you, I felt the same way. The important thing is to get it back and read on.

Special thanks to Robert E. Hine. Our heavenly Father protects you and always shows you the path he has planned for you.

God led me to you, and I was sure from the first moment that you were worth it and valuable to me. Your knowledge and experience have been valuable to me so that I can take the next steps myself.

I have tried to convey this to you countless times in numerous letters with my words. I cried when you asked me about the assignment and the hourglass. You ultimately gave me the strength to finally start and finish it.

You supported me a bit, helped me get through my periods of tears and euphoria, and helped me get through another chapter.

Introduction
Help Others with What You Have Experienced and Write This Down

My mission is to write down my experiences from a toxic relationship and to use my book to show you a possible way out of the chaos.

I'll tell you about critical and difficult moments, let you share in my emotions and feelings, and how I found a way out of these difficult moments. This is a small guide that can help you achieve the same thing, strengthened and full of energy.

In this book, I will not use any court rulings or my full name, instead I will limit myself to the first name Jörg. I am not a legal entity, have neither studied, nor am I professionally active in this area. Everything that is written and described here are factual reports from me and may serve you as a possible guide for self-help. The question will eventually arise at a crucial moment—stay or go.

My client, God, placed this commission in my heart one Sunday in 2017 while I was on my way to church. I was walking uphill toward the church when God spoke to me in a clear, calm voice and asked me to stop. While all the other visitors walked past me, I heard the words of God. I should mention, God speaks to me quite often. So I wasn't surprised that he spoke to me. His voice is as if someone were standing next to me and talking to me. It's just that you can't see him as a visible person. So now let's continue with the text.

He asked me to write down all my experiences with Jörg as a book in order to help others who currently find themselves in a similar situation or who are yet to take this step. God asked me to start immediately and reminded me once again that I am like Jonah. So I absorbed God's words and assured him that I would start this as soon as possible.

The next moment, I found myself with all my senses on the footpath uphill to the church service again, and my children asked me why I had stopped and not responded to their calls. I couldn't explain what just happened here; it had to sink in. During the service, I thought to myself, *Okay, no problem. I'll do this. Then I'll just write this book.* Nothing can be so difficult as writing down what you've experienced for others as possible help.

I started several times over the years and never found the right path. I cried bitterly, feeling every moment, every pain, every brutality, every brutal word, every insult, every disrespect, every denunciation in my heart. I would even go so far as to see his face in front of me, rock-hard, without any facial expressions, brutal, ready to take the next fatal step so that he can achieve his goal. I can still smell the sweet scent of the joint that always made me uncomfortable and afraid. What was written down was torn up so many times in anger at Jörg and why he did all this to me over so many years. The manuscript flew against the wall countless times, hoping that God would say, "Okay, you don't have to do it. I see your pain." Inwardly, I wanted to run away from it and find as many excuses as possible before God for not having to complete this assignment. The test was simply too difficult for me.

A task that would once again demand everything from me, I myself would never have thought of writing this down and possibly being able to help other people affect by it, even if you often hear something like this in the news or read in the daily newspapers that another man was capable of such acts, even going so far that a family was wiped out or women choosing suicide.

WAY OUT OF MEMORY

I didn't worship God to get reprieve. I screamed at him from my deepest feelings that I couldn't do this, that I was hurt, and that I wasn't up to it. He should take this burden off me immediately. But as is often the case, I got no answer.

Sometime later and one more move, a kind of workshop was set up in my community with foot-and-hand washing, a rest area, an exhibited Bible text on the betrayal and crucifixion of Jesus, an area to commemorate the deceased, and a wailing wall. At the end of the workshop, you had the opportunity to talk to the pastor or pray together. So I went there too, gripped by curiosity and picking up new impressions from God. I was fascinated by the stations. My pastor knew that I was receptive to messages and said I only needed twenty minutes to finish all the stations. So I went through the individual stations and stopped at the wailing wall and thought to myself, *This is the best moment to express my wish of not having to write the assignment.* I wrote this on a small piece of paper, folded it several times, and stuck it between the stone blocks of the stacked stone wall that was symbolically erected as a wailing wall. I went further and came to the indictment, which was posted on a large wooden cross, and I left it. I didn't even notice the tears falling until a Christian woman handed me a tissue. I truly felt his pain on my body and in my heart. It tore me apart inside at that moment. I spent over two hours on all the stations in the first round. At the time, I wasn't aware of it at all; I was told about it later.

I was urged by God to make another pass through the workshop, and God spoke to me. He would give me time to prepare for this task. He showed me an old hourglass and said that when it was over, I had to start. Then there are no more excuses.

How fast does the sand move through? How long does it take for the sand to trickle through the hourglass? Can I influence it? Will it get better then? I got no answer again. Instead, I felt the inner urge to file a lawsuit. I let it go and collapsed. The pastor took me into the next room, and I told her everything: about Jörg, about the assignment on the way to the service, and what had just happened. My pastor cried with me and offered to help me.

I got the final starting signal for the book when God led me on a trip to Michigan, USA, at the end of November 2023. When my pen friend visited, he asked me what my assignment was and how far the hourglass was. Tears welled up in my eyes. Nobody should talk to me about it. No one. The pain shot up from zero to one hundred within seconds. Panic and restlessness spread within me. I told him that the hourglass had expired some time ago, that God had told me this and that I had to start immediately. However, I couldn't. I was afraid of the pain, afraid of the emotions, afraid that it would change me, afraid that friends would see me differently afterward. Finally, Robert said, "If you have a mission, you have to fulfill it. It is God who demands this of you. You have to do it. Start today."

He was right. And when I got back to Germany, I started. I can't even explain the inner strength that drove me to take this step now. I felt like I was being remotely controlled gradually with small steps, chapter by chapter, from handkerchief to handkerchief. When it became unbearable, the pain rose up inside me, and I couldn't see the keyboard in front of me because of my tears. I took a break and distracted myself in other ways. I prayed for strength and wisdom and guidance. I swore the worst swear words, like I had verbal diarrhea or Tourette's syndrome, but I didn't scream as often anymore. God literally took me by the hand with each chapter.

My mission is clearly defined. I know what I should do with it afterward, where it will take me, and what it will achieve.

God has a task, a talent, a gift for everyone. Your life is in his book with all the ups and downs, with all the mischief and missteps, with all the great events and moments.

No matter what happens to you every day, God knew it much earlier, much earlier that when you started it.

But if you have received a message from God in your heart, you should fulfill this task.

WAY OUT OF MEMORY

Surely, God has a great plan for you, and he won't let up. It haunted me over this long period of time; God repeatedly showed me the memory and the hourglass.

I am a born-again Christian, which in some moments, my Bible, God's Word, and a prayer helped me get through this time.

So you don't have to be a Christian to buy this book or to understand me when I bring God into the mix here and there. You don't have to confess to God now to follow my steps and achieve your own victory, just accept that this is an important part of my life, and I will add something to it in some places.

I found my way out. This was long, rocky, never straight with a lot of obstacles, challenges, new insights, learnings about how family courts work, and emotions that required many packs of tissues and a few pillows that had to be used as punching bags.

I am aware of both men and women who have experienced such processes, are going through them, or know someone who knows someone who knows someone. It doesn't always follow the same pattern. Should I have pulled the rip cord much earlier to get out of this relationship? Absolutely. But as so often in life, you lack that little bit of courage to take the decisive path.

Never forget: The journey is the destination, and it can only be good. It will be a good fight for you and your soul. If you're ready now, let's get started.

> Those who trust in the Lord
> gain new strength,
> they get wings
> like eagles.
> They run and
> don't get tired,
> they go and
> do not become dull.
> —Isaiah 40:31

Testimonial
Transcript

On a Thursday, in April—more precisely, it was April 7 in 2016—around 10:00 a.m. in Berlin, after many days, weeks, months of numerous depressive phases and states of exhaustion, I managed to start the day with a hot cup of coffee. I had actually managed to avoid curling up on the couch and waiting for the day to end.

My children were on their way to school and work. I was left with my depression, protected in my apartment, and with the intention of starting the day differently.

So I was the star guest at my own pity party, sitting on the couch with my mug filled with hot coffee and flicking the TV channels with the remote control. I got stuck on a TV channel that seemed completely unknown to me until that moment. I didn't even know that it had been saved in my selection process of stored channels.

There was a short sermon by an American Bible teacher on the Bible TV channel. She told me that I hadn't just zipped past by chance and that everything in life had a meaning. She told her story that she was sexually abused by her father over many years as a child. Her mother knew about this and helpless to help the child.

I heard those words and took them in and understood only too well what she was saying, how she felt standing up there on the stage, in front of thousands of people in the room and probably thousands or millions of people on TV at home, listening to her story. What a testimony. Powerful. What power came from her.

Goosebumps ran up my arms and down my back.

I took a few sips of coffee and looked out the window at the Main Street that ran parallel to my apartment. I watched the hustle and bustle, the hectic drivers, and the people who seemed to rush past my window.

I sat down on my couch again, and all of a sudden, for no reason, tears started streaming down my cheeks. I burst into tears, couldn't stop, didn't understand why or what was happening to me. Tears were streaming down my cheeks, dripping onto my shirt, and I just couldn't stop. I started sobbing, and at that moment, I heard a strong, warm, loud, and strong voice saying to me, "Everything will be okay. You will be helped."

Who was speaking nicely to me here? I was alone in the apartment and in the living room. I tried to turn around and slightly to the left and right. No one was there. I tried to look back over my shoulder and saw a bright light. It was so bright that I had to squint my eyes. At the same moment, I saw burning wings all around me, tightly surrounding my upper body from behind. They were huge wings, the feathers all in what appeared to be dancing flames but no heat emanating from them. I wasn't afraid; in fact, I was totally happy and immediately felt protected and safe at the same time.

I heard this voice again that repeated to me the words "Everything will be fine. You will be helped." I stopped crying—no more tears, no more sobs. The voice literally spoke into my heart, and we spoke to each other without words. I asked what would happen now and what I should do.

I was told to go out and buy a Bible. I didn't have a Bible at home. And from what I knew, there was probably more like a Bible. So how did I know which Bible should I buy? But I was given peace of mind, and I knew that I would receive his support in the selection and decision.

So I put on my street clothes and took the bus to the shopping center, where there was a large bookstore. I kindly asked about Bibles, and the saleswoman led me to a shelf with numerous Bibles—Bibles in different sizes, different book covers, thin and thick Bibles, children's Bibles, pocket Bibles, and study Bibles. For me, it was an absolute jungle of Bibles. How should I find the right Bible here? I took one or two Bibles off the shelf, leafed through them, and had the feeling that this was not the Bible I should take. So the next one was taken off the shelf. These were Bibles in other languages, and writing that was foreign to me. So I stood in front of this shelf, started looking at the Bibles, and didn't know what to do. In my mind, I asked which Bible I should use now. The saleswoman came to me. She probably saw my helplessness and asked me if she could be of help. I figured I had nothing to lose. At worst, she would declare me mentally incompetent.

I told her about my morning experience. She immediately understood how I was feeling and how helpless I was. Was she a Christian? She asked me if I had received any information about what the Bible should look like or if I knew which one to buy. I answered no to all her questions. We then went to her computer, which was barely visible between stacks of books, and opened a program with Bibles and showed me the pictures. I was totally restless and wanted to finally find *the Bible*. Would she find *the Bible* for me?

She used the mouse cursor to scroll vertically down the individual cover images of the Bibles. With every single Bible I knew inside, I said, "No, that's not it either." At some point, and there were several Bibles, I heard God's voice and said, "That's it," and I immediately said "stop" aloud to the saleswoman. I pointed to the Bible which I take. Without asking if it was the right one, she looked to see if the Bible was in stock. She told me she had to order the Bible. I would have to wait two days—two days of inner unrest, a restlessness, as if I could get something lost, something very valuable, something that

I had completely missed and longed for, like a valuable treasure that nothing could be worth to you with money.

I paid and went home. I felt good, fulfilled in my heart, happy through and through.

God spoke to me all day in my heart. I could only hear the absolutely amazing, warm, and loving voice. His closeness was unmistakably noticeable. I wanted to hug everyone on the way home and tell everyone about my experience. Would people even understand me? Because I didn't understand it myself. No matter, I know it was important, my heart was full, and I had arrived.

Two days later, I came back, happy; my heart was jumping for joy. I picked up my Bible. And as I held it in my hand, I felt the great warmth that emanated from it. This Bible, which God chose, is still used today, every day for my quiet time with God, and has accompanied me to many places.

I have now bought many different Bibles, which mean a lot to me, but none come close to *the Bible* that God chose.

My Father, heavenly God, I have arrived, and I am your child. You saved me and showed me your door and your way. It should never be any different. Your path is love through and through.

That day, you led me to healing from my severe depression, and I was able to leave the pity party. You are everything that no dictionary in the world could describe. You are love.

I thank you, my Father, that I am a beloved child of God. In Jesus's name, amen.

PART 1

A Date at a Fast-Food Restaurant

You've probably accompanied your girlfriend to buy new clothes as a guide or as a fashion doll, to have fun without time pressure, to try out different designs, patterns, colors, to laugh heartily. Accompanying your friend on a shopping trip to give her advice on choosing a clothing style can be a real challenge.

But have you ever accompanied your girlfriend on a date because she didn't have the courage to do it alone, and she felt better with you?

But accompanying someone on a date, even just staying in the background because the girlfriend is afraid of disappointment, has never been on my to-do list and will definitely not make it there again. My friend asked me for this favor after we found and put together a great outfit for Tina, and we wanted to have a drink and something to eat.

On the date, Tina chose a snack bar where you could sit in if necessary. The shop was in a part of town right next to the subway station, in a shopping street or shopping area next to a shop, where there was a discotheque at the weekend. This snack bar was quite small; it couldn't fit more than maybe ten customers. You could choose your order from the street, wait a moment, and then take it straight away, or like my friend Tina, choose to meet inside the shop.

Now honestly, isn't this a strange place for a date? How does this work in a snack bar? While you take a bite of the currywurst and take a sip from the beer bottle with your mouth full, do you show the other person your best side? Is it easy to get to know your new crush's eating and drinking habits?

Head movies… "Mom, where did you meet Dad?"

How happy I was just to have been the companion on this date.

Tina took her seat right at the entrance, while I looked for a seat against the wall at the last table in the small snack bar. Behind me, there were only the toilets and the emergency exit. It was good to know when escaping was no longer possible.

My girlfriend didn't have to wait long for Jörg either. The bottled beer had just been opened, and the fries had just been ordered. Jörg entered the snack bar, walked past my friend Tina without looking to the right or left, straight toward me and because he thought he had seen me somewhere before.

I maintain that a big city is also just a village. My girlfriend was totally shocked and gave me a hand signal to understand that this was her date. I reacted immediately, jumped up from my seat, and headed toward my friend so that he could also come to the table. Only then did he recognize his date, which made him visibly embarrassed that he had walked past her.

Yes, we ate together and drank a beer or two. We forgot about the world outside. Tina really wanted me to stay. And as the third wheel on the car, she tried to make the best of the situation. As the afternoon progressed, he quickly let Tina know that he wasn't interested in her. I can't say whether it was the food we ordered or the new clothes we bought that made the difference. Maybe the spark didn't fly. She left the diner and left me with him. We talked for a short while. The situation was already unpleasant enough. Then we parted ways, and everyone went home.

On the way home, I called Tina on the phone, asked how she was doing, and told her that we quickly parted ways after a beer. She was fine and didn't mourn the rejection. We arranged to meet for a social gathering among women in the next few days.

Shortly afterward, I was contacted by Jörg in a community where Tina and I were registered. He told me how excited he was about the meeting and that I had accompanied Tina. We wrote a lot of messages that day and talked on the phone until the phone battery died. It wasn't love at first sight but rather at the third or fourth sight.

I fell for the good conversations, clever choice of words, initially good behavior, and the slightly rebellious manner. The conversations became more frequent and more intense before we met for the first time on neutral ground with a friend from our circle of friends for breakfast, a slow approach and finding out about interests, views, inclinations, preferences, and no-gos. Slowly we increased the number of meetings, and interest in each other grew.

There was still contact with my girlfriend. She was in one or two casual relationships and seemed happy. At some point, I received a message where she thanked me for sparing her Jörg. Looking back, I don't know whether I should be happy about it or whether I should cry.

Tina has experienced many situations but was never able or willing to help me at a time when help would have been appropriate. Our friendship faded over time, and today we are no longer in touch. I don't know how much I told her or how dangerous it became for me later.

Consider yourself lucky, beloved Tina, that you didn't have to go through all that.

You heard it. Now look at everything!
Won't you tell others?
From now on I'll let you hear something new,
something hidden that you don't know about.
It has just come about
not long ago.
You didn't know anything about it before,
lest you say:
I've known that for a long time.
—Isaiah 48:6–7 ESV

I won't let it dictate me
what people think of me.
The Lord alone is my judge.
—1 Corinthians 4:3–4 GN

PART 2
Pink and Red Glasses

There were numerous moments where I would have needed Tina. There were some counterfavors. I'll take you through a rough outline of events and how rose-colored glasses can deceive you.

#1

Jörg and I were invited to a party among tough motorcycle rockers in club uniforms somewhere in Berlin, where I had never been. True to the motto: Expose me, and I won't find my way home.

We arrived at the ominous place at dusk, with other people from his circle of friends carpooling. From the outside, it looked inconspicuous, like a warehouse with an extension with no windows, set back from the main road, a gravel road that didn't even have a proper road. You had to call ahead so that someone would let you in through the gate and only then could you see a clubhouse with a terrace behind it. People grilled, played pool, and talked over loud rock music or music that was more reminiscent of screaming and shouting. The rooms were very large, dark, and flowed into one another. Numerous tall, strong, middle-aged men, who probably spent their everyday lives under the weights in the fitness area, crammed into their leather gear, with a robe with badges and symbols on top that indicated the rocker's club.

A powder was quickly draped in a line on the table, and things became hectic as everyone wanted to be the first to take some. Connoisseurs know what this meant. As a blonde, I could have guessed anything. But nobody here wanted to bake a cake, so why line up baking soda?

I'm admittedly ignorant on this topic because I've never done anything like this before and don't plan on trying. I still remember the sweet smell filling the room, making me feel nauseous and have a headache. Various intoxications were the focus of the evening here.

Very unpleasant for me, I couldn't get out of the situation on my own. Something between loud music and alcohol was being consumed in every corner of the room, and he didn't really care what was happening to me at that moment that evening. He had fun that evening. He rappelled down into a separate room with his buddies and left me alone among all the rockers I didn't know. It was not possible to call a taxi because the reception there left more than anything to be desired. I didn't bring my mobile phone with me, and the boys who had one were busy singing and clapping or "how quickly can I get away?" I had no choice but to find somewhere to sleep.

Many hours later, when he was somewhat lucid and receptive again, we were finally able to go home. I never went there again or put myself in situations like that, where it wasn't clear how I would get home in crucial moments or uncomfortable situations.

#2

There was a moment where we had an argument about finances. I went to work every day, and Jörg was a day laborer. It was near the end of the month, and he wanted to party with other friends, somewhere secluded and just for himself. I wasn't financially enthusiastic about such expenses that could easily be postponed for a week, but he left the house anyway and returned in the middle of the night, completely drunk and under the influence of drugs, with food from a pizzeria. I don't remember what made me angrier: The fact that he was under the influence of drugs and alcohol or that he thought everything would be okay because he had brought food with him. I shouted to him from the balcony down to the street, where he was eating, that he could sleep off his intoxication in his apartment, and we would talk about it the next day.

This made him so angry that he threw the pizza against the wall of the house and the salad onto the street. He woke up the neighborhood with his shouting and rude swear words. He screamed loudly that I should finally open the door now. A neighbor then let him into the house, probably because he was tired of the screaming. I was blamed for not being able to enjoy the food anymore; after all, he was thinking of us and brought us something to eat. He didn't care that we ended up with no money for the remaining days because he had spent everything on his party.

#3

Another example was during a video evening with two of his friends in my apartment, where alcohol and drugs came into play pretty quickly. I did not agree with this and asked that this not be done, especially since my then-small son was sleeping in the next room. He and his friends didn't let this stop them; the atmosphere was tense and explosive. I was verbally put in my place. One word gave way to another, and all of a sudden, I was accused of stealing a men's wristwatch from his late father. He showed me where this watch was, which I had never seen before.

Jörg freaked out, and the situation got out of control. He threw furniture around the apartment, kicked in my living room door, tore open all the drawers, and fought with his friends, who tried to calm him down. I was insulted with words I wouldn't even say to my worst enemies. I tried to calm him down to no avail. He was so angry. And when I asked questions about this watch, I was insulted even more because I didn't know what it looked like.

At some point, I was able to push him to my apartment door. He pushed me so hard that I was completely surprised and couldn't fight off, let alone react in any other way. So I was able to record my first experiences of violence that evening.

I pushed him back with full force with both hands or tried to defend myself in order to get out of the situation. At that moment, I remembered my Wen-Do course, which I had successfully completed years before. I somehow managed to get him through my front door and close it. A tiny moment later, there was a crash, and my door shattered at the bottom, and his foot was visible. Shortly afterward, the door leaf was broken by him at shoulder height. Friends from the opposite apartment heard this and came to my aid and intervened in the situation.

A completely devastated apartment and a kicked-in door were the result of a video evening, with the accusation that a wristwatch had been stolen.

I didn't call the police because I was in too much shock. I felt like a guest in my apartment, where I was witnessing the events. Luckily, despite the volume, my son didn't notice anything. That evening, I ended the relationship. The first glimpse of violence, however, wasn't bad enough to have the courage to take the liberating step.

I really had all the guardian angels that evening. Fortunately, my son didn't notice any of the noise, the argument, the noise caused by the door being destroyed. His sleep was so deep and sound.

At that point, I was not yet a child of the King, a child of God, and had not yet confessed to God. I have not yet fully accepted God into my life and allowed God into my heart as Creator, Redeemer, Savior, Merciful Father.

Looking back, I certainly missed and ignored all the divine hints and didn't listen to my gut feeling.

Did he apologize the next day for what he did? No. I made him angry.

What about the watch? He found it the next day in one of his drawers. Apparently, I had put it there.

What happened to the apartment furnishings?—bulky waste for firewood. It wasn't worth anything more after the evening.

How pink and red can the glasses of infatuation be to not recognize and understand the hint? I have a number of similar examples, where I was dazzled by this person.

Have you experienced situations similar to this one?

How long were you the owner of a lot of rose-colored glasses that robbed you of reality?

My heavenly Father, I thank you for watching over me and protecting me in each of these and other moments. I thank you that my son was under your protection at all times. You gave me the strength at the crucial moment to show strength and overcome all obstacles. You began to shape me and change me so that I had enough strength for the decisive day. Thank you, my Father. In Jesus's name, amen.

> But I can grow and flourish like an olive tree,
> which grows in the protection of the temple.
> I know I am safe for all time,
> because God is merciful to me.
> —Psalm 52:10

> At some point you are no longer disappointed
> from what other people do
> or don't do it.
> You are much more disappointed by your own stupidity,
> expecting something different.
> —Author unknown

PART 3
Inhibition to Violence

In addition to physical violence, there is always psychological violence. Were or are you affected by it? Then this will seem familiar to you. Don't worry; I got out of here safely.

You might think it's totally practical, but usually no one notices. There is no evidence for this either, and you can express this in different ways. In the case of psychological violence, scars on a wounded soul only become apparent much later.

Typical examples of psychological violence include insults using expressions that you would never expect from your partner. You're more likely to find these on your boyfriend/partner/husband drunk in the pub or on the street, among street gangs. Embarrassment, one of his greatest passions, when he makes embarrassing things about you to his friends a daily story, and you then wonder why your friends suddenly smile at you or why you get a nickname that you don't like.

Threatening, blackmail, stalking, and bullying are probably the most common and a real challenge for me, not just from him alone. He got support from his brother, his best buddies, and friends. They kept him up-to-date with snapshots on the mobile phone or calls. I was able to see a lot of things. Nothing really leaves me speechless so quickly except for this.

At times I felt like if I was good; I would be allowed to leave my cage of humiliation. If I was rebellious or even defiant, then it was like being in the eye of a tornado. You never know when things will continue. But you have more time to take a breath. You no longer understand the world. Everything you do, how you do it, is wrong, and he makes you feel it. Ignoring it is the most harmless thing, although I find it very hard.

> The principle you would wish for him at this moment:
> soul after soul,
> Eye to eye,
> Tooth for tooth,
> Hand for hand, foot for foot,
> Fire after fire,
> Wound after wound, bump after bump
> —Exodus 21:23–25 ESV

You can forget. Everything comes back at some point, wanted or not.

> Give up your anger,
> Assuage your grudges;
> Don't get angry, it only leads to that
> Evil!
> For those who do evil will be cut off;
> but which your hope for
> set Lord,
> will inherit the land.
> —Psalm 37

The Internet shows me violence without punches, and there are certainly other things to be found. The effects are severe, and I was amazed at how much this was laughed at by family courts, legal guardians, and the youth welfare office. I am of German origin. And even if some people think that we are so correct and straight in many things, here it is, far from the truth. I don't know what principle the family courts work on, but you quickly get the feeling that when it comes to psychological violence, the courts are on the men's side.

A crucial experience with physical violence was at the end of my pregnancy with my son in 2008. I still remember it as if it were yesterday. We came home from shopping, loaded with heavy bags of groceries. In the last few weeks before the final binding, movement can be restricted, and general well-being can be difficult. You feel like a pregnant manatee, trying to crawl onto the dry sandbank. Oh, save me with these words.

He preferred to sit down and unpack the bags at a later or different time. Unfortunately, frozen products can't wait, and ultimately, I should do my own work. So he pushed me out of the living room toward the kitchen and called me nasty names.

Do you know the term, "This is my safe zone," when someone gets so close to you that it becomes uncomfortable? I know this from the Wen-Do course, a self-defense for women. Highly recommended, you can really use it. It's very valuable for you and your ego.

So back to the topic. I'm talking about dangerous situations here. This was the situation I found myself in at this moment. I could have counted his nose hairs. His nostrils flared, and he snorted in anger. His breathing was very rapid, and he smelled of cold cigarette smoke and his breath of beer. He stood up in front of me, his shoulders broad, and was obviously ready for anything. He had to move off his couch. Oh, no, it was my couch that was in my apartment.

There was a verbal explosion in the hallway. I had my duties to fulfill. I could never be satisfied. And even if I was pregnant, I could still do it alone. He was so angry, tried to control the situation, and pushed me back hard with his hands against my stomach. I lost my balance, and my back hit the doorframe of the children's room with full force. At the same moment, I screamed. He realized he had caused me pain, and at that moment, I yelled at him that I was going to call the police.

As a convicted felon on probation, which I only found out later from the police, he only had one option. He grabbed his jacket and my keys and stormed out the door and ran away.

The police came shortly afterward and asked how I was. I refused a paramedic. Fortunately, apart from a severe shock, a red back with the anticipation of a large hematoma, and slightly irritated by the situation, I didn't miss anything.

The police immediately drove off in their patrol car and searched for him in the area without success. The police advised me to be careful and asked me to change the locks that evening if possible. I was happy to oblige. My neighbor provided me with the new locks, and they were replaced on the same day.

I received several calls from his brother that same evening and heard accusations and blame. It was made clear to me that I should immediately withdraw a police report of domestic violence. Was it a messed-up family or not? The status of a woman, a pregnant woman, is at the very bottom. I was still lucky to be able to breathe independently and freely.

Reports of domestic violence are automatically reported to the police. I was so intimidated by his brother and his friends that a few days later, I had to withdraw the police report with specious statements that this would not be pursued further. The officer was trained well enough and immediately made it clear to me that I could come back at any time to make this report again. His brother asked me to provide proof that the complaint to the police had been successfully dropped. Otherwise, he wouldn't rest. I know what you're thinking, I could have slapped myself. How confused and out of touch with reality can you be?

Today I don't understand this situation either. I should have gone through with it, then I would have been spared a lot.

Leaving the ad there might have been a little stressful with the whole process, but then I would have had peace of mind. But I unconsciously chose a different path at that moment, one that wasn't any easier.

This action caused no damage other than bruises. My son was born healthy shortly afterward.

Have I learned from this now?

No. But there wasn't much left that you needed for a relationship. I was dependent on him, afraid that I would be standing there and always question myself, "Can you do it alone?" I still didn't deserve to be treated like that.

My father, I thank you for always protecting me. I thank you for protecting my children, who were born into this world, and I thank you for always showing me a door out of evil and continuing to protect me. In Jesus's name, amen.

> In the day of my trouble
> I call you,
> because you hear me.
> —Psalm 86:7 ESV

PART 4

Vacation with the Ex

Going on vacation can be a great thing. In my case, the path took me to the Baltic Sea, to a familiar area, my second home, where I had previously lived for many years, was married, had children, and had many great and beautiful moments.

My relationship status with Jörg at the time had been "separated from table and bed" for several months. I was very sure that we would master the role of parents as friends but that we would go our separate ways in the future. For myself, I could say that I didn't regret the decision to separate and, with a few exceptions, that I was able to cope with everyday life without any problems. I wanted to go on holiday with my kids to the Baltic Sea for a week, to a holiday apartment on a holiday farm, almost close to where I had spent a very long time of my life and had many friendships.

Jörg wanted to come with me on vacation, contribute half of the costs, and use the time with his son and at the same time relieve the burden on me. He talked to me for so long, tried to convince me with plausible arguments until I finally gave in.

We agreed that we wanted to deal with this purely on a friendly basis. I was very confident that we would be able to do this without any drama or arguments. While he had a great time with the kids, I was able to do my thing: visit friends, read a book, stroll through town, feel the sand of the Baltic beach between your bare toes, inhale the Baltic Sea lust that smells faintly of seaweed, and now and then plunge into the waters of the Baltic Sea and instead of feeling like a piece of toast on the tanning bed, just soak up the blazing sun. For us, it was time to have breakfast together and then see each other again at the dinner table. That's the theory.

We chose a relaxed option for the journey: train and bus. The kids wanted an absolute highlight every day to take advantage of the activities on offer with other holiday guest children, and even the not so nice weather didn't stop them from doing so.

The holiday apartment consisted of an open living room and bedroom area with two beds, an adjoining open kitchen with dining area, which was only separated from the living area by a door, a children's room with two bunk beds, and a single bed.

We had chosen the self-catering option and only wanted to use the bread roll service and chilled drinks provided for everyone, which were always plentiful in a refrigerator that stood in a former passage between the farmhouse and the shed. The practice of vacation was then suddenly different. Moments of jealousy when messages reached me on my mobile phone, or one or two calls came, control and surveillance of where and what I was doing on the holiday farm, or when I tried to go into town alone were only the slightest problem here.

Early in the morning, when the kids could hardly be stopped, they were already fidgeting during breakfast and wanted to go out to play. Jörg was still sound asleep. While the kids took over the day, I stayed nearby to supervise. Late in the afternoon, Jörg joined the kids, and I was able to take care of the shopping and the subsequent feeding of the predators for the kids and Jörg.

Whenever I planned to go into town alone or tried to meet up with friends, Jörg looked for an excuse to accompany me with the kids. I was only really without Jörg when I had breakfast with the kids in the morning or was able to pull the blanket over my head in the evening.

So every activity I planned became a "let's accompany mom" activity.

The vacation went in a direction of "we'll discuss this until someone gives in." He constantly wanted to talk about a possible restart: "Let's try it again" or "Look, the kids want it that way too." This wasn't how I imagined the vacation would be. This vacation became exhausting with every single day.

If I wanted to go to sleep, he wanted to lie down with me. When he realized that he wasn't having any success, he made such a noise that Jörg got the attention he needed. It finally got to the point where I swapped my bed in the open living and bedroom area for the single bed in the children's room.

Jörg seemed to be doing well—chilled beer, his daily Joint, or whatever he chose as his intoxicating substance. Every now and then, an innuendo or comment came across to remind me that things could be different and not as a playing happy family.

All I would have to do was agree to this relationship; Jörg would then work on himself, look for a job, and so much more. He would make numerous changes. The main thing is that I took him back. Changes that he wouldn't make to himself, but you do a lot of things for a relationship that you would never do otherwise. I didn't want any discussions, none in front of the children, none that constantly surprised me everywhere.

I was just too good-natured and didn't want to accept the bad things. That was the receipt and best regards from the Baltic Sea. Then he told me that after all, this situation was my own fault. Because of my bad mood, he would take alcohol and drugs. A good mood, being obedient, bending to his will, surrendering to nonmarital duties, and willing to make compromises and putting his own wishes and needs aside would make Jörg totally satisfied in this relationship.

Each time it took me a maximum of a blink of an eye to reject this unspeakably grandiose offer.

Finally, on the last day, I received the bill for the additional things I had booked. There was a long list of alcoholic drinks and the bread roll service. Since we wanted to share the costs, and I still had to receive his share of the holiday apartment anyway, I showed Jörg the invoice.

Then came the next shock for me. Now I remembered all the little moments when I was shopping and at the checkout, he would say he forgot his wallet, didn't have the right money at the cigarette machine, had to go to the ATM when going out to eat in a restaurant or couldn't change the cooled drinks. He had no money at all.

He immediately came out with the devastating answer. He borrowed the money for the trip there. And for the rest, he had the brilliant idea that if we came back as a couple, I could pay for everything myself. He would pay me back later.

I was so incredibly angry. Inside I was seething, like a volcano about to erupt. I reluctantly paid the entire bill, bought, and paid for the return tickets for us. How could I be so naive? Why did I trust him here and actually believe that the vacation could be amicable and that everyone would pay for their own costs? Didn't I know him better from numerous previous actions over the years? I was just too good-natured and didn't want to accept the bad things. That was the receipt and best regards from the Baltic Sea. Then he told me that after all, this situation was my own fault. Because of my bad mood, he would take alcohol and drugs. A good mood, being obedient, bending to his will, surrendering to nonmarital duties, and willing to make compromises and putting his own wishes and needs aside would make Jörg totally satisfied in this relationship.

On the way home, communication was only limited to the bare essentials. I was filled with anger about the things that happened on the vacation. Unfortunately, Jörg didn't have the insight. For Jörg, we had a good time on vacation. The repayment of his share was repeatedly delayed, and the time period for repayment became longer and longer. In the end, I never received his share, and I brushed off the demand for the money as teaching money.

My conclusion: Don't go on vacation with your ex if the emotional situation has not been fully clarified on both sides.

Accept each other's freedom, accept no, and please pack not only your swimming trunks but also the necessary vacation money.

The children had a great, eventful holiday.

I met a lot of friends, recharged my soul's batteries, and enjoyed every moment of being free.

My heavenly Father, thank you for this time. I thank you that I was able to pay all unforeseen expenses without putting myself in debt. Thank you, my Father, for providing me with everything I need to live. Thank you for the insight you gave me. Thank you very much for the relaxing time. In Jesus's name, amen.

>No promises make it better
>as something to promise and
>then don't hold it.
>I keep my promises.
>—Ecclesiastes 5:4 GN

PART 5

Let's Talk about Narcissism (Dry Exercise)

Talking about things that I unfortunately have to name in order to better understand one thing or another here wasn't really on my must-do list. I'm now totally celebrating this chapter and am looking forward to taking a piece of it with me into this world.

Some professors and doctors have studied the subject of narcissism extensively over many decades. The most famous physiologist is the Austrian neurophysiologist Sigmund Freud. He had written numerous writings and books on this topic.

In the multimedia sector, you are confronted with so many examples on many websites, in forums, in numerous discussion groups that you become dizzy. Everyone is really good in their own way, with lots of good advice, often based on their own experiences. Here I advise you not to stray too much into this matter. Try to understand, this toxic relationship is the best thing that could have happened to you. Now you know how you never want to be treated badly again, what you no longer want in your life. Such relationships are not normal, but they occur often in today's society.

Sigmund Freud once said that narcissism can be traced back to a stage in childhood development, where one speaks of cold or aggressive parents. A distinction is then made between secondary and primary forms, which provide a variety of manifestations. However, the focus is on the primary form, which has its origins in the oral phase of the mother-child bond (breastfeeding).

But there is no real uniform definition of healthy narcissism, and I didn't find it in all my research. Rather, everyone has already submitted their research results to us on the Internet to show us that the wolf in sheep's clothing cannot be recognized uniformly.

Success-oriented narcissists are recognized and successful in today's society. Things only become difficult and problematic when the extent of a personality disorder determines your life. I'm focusing on Jörg here, which is frightening enough.

I have to mention, before this man came into my life, did a spike and tap dance on my emotions, heart, soul, I knew nothing about this personality disorder, how it affects you, how bad it is, and whether you can save him. It's probably heard here and there over the course of the relationship, but as so often in life…bah, luckily I don't have that.

You think, dandelion, you have it now. Saving is never possible, and now we want to get rid of it again or be smart enough to go through life vigilantly.

I don't have a wanted ad on dating sites or a sticky note pinned to a bulletin board in the supermarket with the search request, "Looking for a dominant man with a disturbed personality for a submissive relationship." True to the motto: I definitely want to try this out in my life—absolutely no way!

That's why I give this part the name *dry exercise*. Get to know your counterpart from the other side here. Take your time, and don't just look at the outer shell and sex appeal. Look into his heart, dive into his soul, and observe him in the wild as he socializes with friends or family. Time is an essential factor here.

Nobody wastes meaningful time in vain, only to find yourself in a new nightmare.

I know that the person who wants to build trust in you and get into a serious relationship with you is really and truly having a very difficult time because the person who previously left a battlefield in your heart and soul did a great job.

You probably didn't want to let a man into your life that quickly, or are you completely cured of the male world? Falling in love is not on your agenda. Any possible flirtation is immediately blocked, and you politely reject any intermediation by friends. Statements like "the next person will definitely be the same" are not that far off. So we look again, observe every step, every action, and are endlessly suspicious.

I know the new potential partner doesn't deserve it, but it has become a part of you over the long period of hurt.

We now hope that people who are reading here are those who want to understand us and don't know how best to deal with us. The picture of the injured deer describes that it's probably quite good. We are not the disturbed people who seem to put everything on the gold scales. It's clear; either someone loves you, or they don't. But it's not your job to beg someone to love you, so stop burning yourself out for something you won't get. If you mean so much to him, he would want to spend time with you or feel the longing when you don't hear from each other. If he is curious, even after the rose-colored glasses phase, then he knows your trigger situations. Trust and patience and communication are probably the magic words here.

> The most beautiful part of one
> very careful woman,
> the one when she sees you in her
> lets live. Then that is it,
> not because she you
> needs. She needs

WAY OUT OF MEMORY

> for a long time now
> no one else anymore.
> She lets you inside her
> Life because she wants you,
> and that is the purest
> and most beautiful love.
> (Unknown)

It is not a healthy basis in a relationship if you have to do something or act out something against your will so that you get love, recognition, attention, appreciation, respect, and affection and much more from your partner.

Below are some examples:

"I would give you more attention if you stopped sitting at the computer to write to your friends." Before that, he had already started ignoring you for a long period of time.

"I would like to show you my affection if you would just do what I want from you."

People often threaten with statements like the following:

"Then I'll just leave you."

"I can find someone like you on every street corner."

"Then I will end my life if you don't do this for me."

"You don't want anything to happen to you if you leave me."

I actually experienced the last one. At some point, the police and the family court understood it and followed the law, "Threatening violence is a punishable offense." There could have been more activity from the authorities, but at the end of the day, I'm sitting here today and can write this down. This is also divine providence.

Jörg needed his overdose to be recognized by others, begged for admiration, and had an unmistakable lack of empathy.

His own achievements are highlighted enormously.

Narcissists have strong assertiveness and fantasies of limitless, helpfulness, and reliability. What little empathy there is, is rather very well acted.

Narcissists, like Jörg, feel magically attracted to self-confident, tough women with children who are strong-willed and talented people who are in the middle of life. They practically attach themselves to you so that their awesomeness increases through your strength. They know that as a mother, you are willing to go beyond your limits and at the same time put your own needs aside. This is what the narcissist wants for his needs. In return, he would like nothing less than to pay homage and to be admired without exception.

They talk a lot and often about their greatness. Little things quickly become the main event. Small things can quickly turn into a one-hour lecture with a story. In other words, when something is said among his friends, he rambles on about the topic, always emphasizing his greatness. He was the Chuck Norris who could save everything and everyone. If we didn't have him, the sun would only be able to rise in the morning with his permission.

Apologies will only be made for strategic reasons if they hope to gain real benefit from them. His demeanor is always self-confident and charming with the women he could use for his power games. Among men, his behavior quickly turns into "you language" or "big guy."

If you are then ready to venture into new territory and say that psychological counseling would be beneficial, his insight into this is lacking. No matter what happened so far, he doesn't need this advice. Others have problems or worries. He would like to accompany you but would never portray himself as needy.

Narcissists twist the facts into a lie so much more and more that they are convinced that they are telling the truth and recognizing reality.

The most frequently heard statements throughout are, "You lie," "You never listen," and "I never said that."

In general, you don't get much say in a conversation, and you quickly get the impression that you are submissive. He keeps interrupting you and gets very loud, so much so that your voice sometimes cracks. If you actually manage to take control of the conversation for a moment, you will be interrupted. At times you also have the feeling that he is talking through a megaphone and is just too consumed by a know-it-all attitude that wants to maintain control over the course of the conversation.

Try setting boundaries with a narcissist. Someone else doesn't like that. Did you actually believe you could change a narcissist?

If you get too close to his games and try to expose or end them, he will use the exact boundary you tried to set and make a fuss and make a big exit. Rejections, again, is something we don't want to know about. However, these are often verbally discussed among narcissists or answered with violence. In my case, I used the female judge's pardon and even gave one or two examples.

A narcissist in court is like a stage for him. At the push of a button, tears can flow like a torrent so that you can escape from criticism situations and collect sympathy points from the female judge. Unfortunately, I experienced this so often that I automatically had a package of tissues lying in front of me in my seat so that I could help him out at the crucial moment.

He pulls out all the stops to expose you and make him stand out.

See him as a harsh and bitter opponent. In my case, he used the judge's female pardon, and he had already given one or two examples.

The female people are meant here. Everywhere in these areas, you are accompanied by female people, rarely by male legal counsel or judges. He put on a great show (cough), presented evidence that is actually not accepted in family court and that you would never expect.

He simply stayed away from a trial because he wanted the theatrical performance all to himself and pretended not having received an invitation. The fact that his lawyer had one and hadn't informed him was pure coincidence.

I have found that narcissism is not recognized in court in a timely manner. Here, the statement was quickly made: "The poor man—he has to deal with the separation first," or I was asked for my understanding. He would only do these things because he couldn't handle the breakup. He refused therapy and instead wanted to bargain with the court for couples therapy. Seriously? So Jörg received support fairly quickly, while I simply had myself to blame in many things and had to really fight my way through a lot of legal proceedings.

His intended discussions are often almost endless. Discussions very quickly become very extensive and drift far away from the actual topic, whereby the aspects are then distorted. In the end, you almost believe that the result of 2 + 2 is 7 after all. This discussion will only end if you are sensible, admit your mistakes, which you actually didn't commit. But testify to your wrongs, and ask for an apology.

The humiliation satisfies him. You can often read in reports, "Mental illness caused by a disturbed perception of oneself."

Outbursts of anger aren't just an issue for us once. These are predominantly with verbal terms, devaluations, and seek a personal target, which quickly turns into violence and then leads to objects being thrown or even destroyed.

In a relationship with a narcissist, he is not the abandoned one, but rather he leaves the woman because she can no longer do it, or she is fed up. He uses you according to his will. He is sweet and tender one day and distant and cold the next moment.

Instead, I was allowed to listen to the fact that if he wasn't allowed to have me, then no one else should be allowed to have me either.

There were one or two occasions when he was able to convey this to my acquaintances, only to then suddenly lose contact with me without a word.

If you think that communication itself is easy, then you are wrong. It determines whether and when you receive an answer. Most of the time, Jörg didn't see any point in it or didn't feel like it. According to the motto, was there a clearly formulated question that would warrant an answer?

If you turn the tables, you will receive insults, accusations of infidelity, threats, stalking, or surveillance. So a little mosquito quickly becomes an elephant.

I even once read that narcissists are said to be incapable of relationships. They lack caring and cannot endure problems.

I found the pattern interesting, according to which depression, addictive behavior, fear of loss, and relationship problems often occur in their own lives. As a result, they developed ruthless and manipulative characteristics.

I'm going to go out on a limb and say that narcissists get away with the same tricks for years because no one recognizes the real game and looks at the bigger picture. Ignoring a narcissist during a breakup or after a breakup is the decision that can and should save your life.

Over time, I found good sites that you can find on the media service: YouTube. I recommend not watching too much of it because it's really crazy, and you can use that time better for yourself. My favorite back then was to help victims of narcissists.

My rough outline of how I got through the first difficult time well to finally be able to say…The light at the end of the tunnel is tangibly visible. Now let's make a final push to get there.

You can only disappoint a narcissist.

Don't explain anything to him anymore. Rather, say, "I relied on it."

If he starts ignoring you, don't send him flowers. He finds or has already found a new victim. Enjoy the peace and the moments; it's not over yet.

You can't sort out his chaos in life; he creates new chaos during it. Let go.

Is he trying to take advantage of you? Run away.

Don't give him another chance. It really and seriously is a pointless waste of time.

Avoid contact, and do not answer questions.

And most importantly, revenge is completely pointless. You've let it happen to you for so many weeks or months, maybe even years without really reacting. Now that you're free, have your life back, and can rewrite your life, do you want revenge? It's too late for that and doesn't make any sense. You should have taken revenge for the things he did to you when you were dating.

Please prepare yourself for opponents you would never expect. A narcissist always has an audience that is loyal to him. After I reported Jörg to the police for assault, I received sharp criticism from employees of the youth welfare office. Here are a few examples that still leave me speechless today:

"A relationship is a construction site that you work on forever. There is always a builder in charge."

"He is the father of the child. What are you doing to the father while the child is suffering from the beating and the handprint on the face?"

"You knew that beforehand and knew what you were getting yourself into."

"We stay together because of the children (wasn't that the attitude of our grandparents?)."

"He is such a charming and courteous man."

"So what's wrong with me?" I asked myself that for a long time. But as is often the case, you are not wrong. You finally woke up.

>   Sometimes God sends you
>   your ex
>   back to you…
>   just to see if
>   you're still stupid.

WAY OUT OF MEMORY

—Unknown

I'm proud of you, even if you're still here and have read with me this far.

The journey is the destination. And what about the tunnel and the light?

Here's my guide to what you could expect, what I've been through over the months, and what I've experienced.

Important here: Don't lose your imaginary thread.

You, as his property, are leaving him.

He wants you back so he can leave you.

All the things that are happening now are not your fault. Never let anyone tell you that.

Don't say anything to him about the breakup. Just leave.

Find people you trust: friends, family, work colleagues, club colleagues, etc. Never choose mutual friends!

Avoid discussion at all costs.

There are no changes. Promises are not kept anyway.

There are no further chances.

Sort your passwords. Change your contact details on every level possible.

Do you have a joint account? Manage your own account, and redirect your money.

Tell others about possible domestic violence and psychological terror you have experienced, and collect evidence that can prove all of this.

Go to the emergency/violence clinic, even for small incidents. Have them recorded with photos.

Inform friends and family of your move while asking them to maintain the utmost secrecy.

Use the moment to leave when all points have been clarified, and write down why you are doing this. You're going to need this gem. You save your life the moment you close the door behind you.

You are unspeakable in power and strength. I'm proud of you. Don't look back. Seek help in time. You are not alone out there with this fate.

You could be visited by depression, anxiety, and panic attacks or physical problems (that calorie rush), even the need to want to go back, because he loved you once. It can't and doesn't have to be. I had depression for a long time pretty badly. I was cured of it in 2016 and no longer the star guest at my own self-pity party. Stalking is the only thing that accompanied me until 2021, a good ten years.

The question of whether I made it? Yes.

At least I've had total peace for three years.

Was it hard? Definitely yes.

Did it take long? I consider ten years and nineteen court hearings to be a long time.

Was it worth it? Definitely yes, 100 percent.

Where did you get the strength to find the right moment to leave? When you've endured so much, the moment is like a party. You will feel it when the right moment has come.

You can buy everything new that you think you need for yourself and your life. Start living, and take care of yourself and of your children if you have. There are women who didn't dare and paid for it with their lives.

My heavenly Father, I thank you that you are my light and salvation and that I need not fear anyone. You are my strength; who should I be afraid of?

I thank you for every little moment. In Jesus's name, amen (Psalm 27:1).

*Think carefully
who you invite into your house:
because a deceitful person
finds many opportunities,
to harm you.*

WAY OUT OF MEMORY

An arrogant person is dangerous
like a decoy in a cage:
like a scout, he says
on his opportunity,
to bring you down.
He turns good into evil,
even on the selfless day
he still finds something to complain about.
A small spark creates a whole one
Heap of coals on fire
and a villain is just waiting,
to shed blood.
watch out
from mischief-makers,
they plan nothing but mischief and
can your good reputation
ruin forever.
Bring a stranger into your house and
he messes everything up;
it alienates you from your own family.
—Sirach 11:29ff

PART 6

In the Mirror of Narcissism (Memory)

Sometimes life is like getting into someone else's taxi. You get in and tell the other person where the route is for them.

Or you can take the comparison of a waiting room. You are in the waiting room of life, waiting for your turn to take the next step. Unfortunately, you don't know your appointment or when your package will be dropped off.

Which option would you choose today if given the choice, to give your packages with all the bad narcissistic experiences to God and in return receive a new heart and be healed with God or to continue as before and just pretend and hide behind a facade?

Meanwhile, with all my possibilities, I get images of God put before my mind's eye. But sometimes they are also impulses, a whisper, or a clear message from our God, my Savior and Redeemer.

For a while, I wasn't able to correctly interpret these images, impulses, or words, or my assumptions didn't produce a clear image or direction. I got support from my pen pal. He gave me an understanding of the Christian background, and yet it was still a memory where the overall picture could not yet be seen.

I'm now trying to put into words some of the things that have been on my heart, and maybe you'll find yourself in the memory.

You have been given a new heart (Ezekiel 36:26), you can rewrite your life like a book, page by page, but you prefer to look back on your old life with your new heart. You hold on to not-so-good memories like a lifeline. In the Bible, we speak of the pillar of salt (Moses 19:26). You're stuck because you can't let go of the old life. You are the one who has the choice here to let go of the pain. Put it in a package and give it to God so that you can use your new heart. Are you ready for it today?

You have the opportunity to return to the point where you let God into your life, where you were at the bottom, and you were ready to fully open yourself up. Here you forgot to confess something. Give up your package of narcissism, and be completely free. I told you this as a picture. You interpreted it but didn't give it as a package.

In plain text now...

Are you the person on the other side, the person who has offended, hurt, manipulated, emotionally abused, taken advantage, denounced, treated many women shabbily, beaten them, used them for their own ends whenever you felt like it, or treated them like a slave in your own relationship, who took away what he thought was love and affection or needs in a relationship whenever you wanted it, or you thought it was necessary because that's just how you were raised or you weren't taught otherwise in your childhood?

So you're the one who found yourself in the chapter on narcissism here? Do you see yourself in this mirror?

Do you feel comfortable with it for all time and can therefore look back on your "performance"? This is your soul.

Or do you finally want to get out of there?

I will show you the symbol in Luke 11:24–26, which I received from God as an image for you, one after the other, like a memory, so that all you have to do is uncover the bigger picture.

I get the pictures explained by Robert, and I think about why I don't understand this, why I don't recognize and understand the whole picture. All the time, I think the pictures are for me. They worry me, make me nervous, and I feel like a lamb running into a barbed-wire maze.

These pictures are not for me because I am only the messenger to give this to you. There were a lot of pictures, Bible passages, words, and a whisper that always came from God.

You should recognize through the pictures, through the overall picture, that God has an excellent plan for you, that he will turn you around, that he will give you the unique opportunity to get the best out of what you have never experienced before.

God sends you the saving angel, the messenger, who can get you out. I see myself as this messenger. Are you really ready, at this moment, to give up this past with the problems and the pain inflicted?

Can you explain the pictures excellently but can't see the overall picture? You don't believe what I see and what I'm told and our Lord? Do you think your Christian knowledge and your baptism are enough to free you from everything in your personal prison? You are wrong.

God has a plan for you, and only if you are willing to ask for forgiveness from the people you did all this to will God take you on his most beautiful journey. You get everything laid out in terms of messages, and all you have to do is grab it. So what do you have to lose? You can only win by doing this.

You can no longer reach the people you did all this to in the mirror of narcissism? No problem. Take the prayer here from me to Jörg, and rewrite it for yourself.

I want to tell you that today is the ideal day to become free, to learn anew, to recognize what deep love, security, affection, and above all, strength are. You will be welcomed with open arms when you transform your pain and ask for forgiveness. Believe me, our side will be eternally grateful for your strength, your courage, and your determination. You will feel your new heart and can embark on the great journey.

Are you ready to give all this away today?

> Someone your trust
> to give
> is like a weapon to him
> admit.
> Either he shoots
> on you
> or
> protects you with it.
> —Unknown

God makes me understand that I have done everything imaginable and possible that was in my power. I was stubborn. I held on to it with God's strength until the last second and believed that the knowledge would take hold. Instead, you chose the usual path.

> Heal me LORD,
> then I am whole,
> help me,
> this helped me;
> yes, you are my praise.
> —Jeremiah 17:14 ESV

> One day we will see each other again.
> But until the time comes,
> I'm sending you an angel
> who has looked after you for so long,
> see you again
> can be with you.
> —Unknown

PART 7
Without My Consent

You just want to put a day with a bad experience behind you, and you'll be happy when you can throw the blanket over yourself and fall asleep quickly. Close your eyes, and fall asleep as quickly as possible so that you can find peace and not notice anything more about the bad day. Tomorrow, things can only get better.

When a person decides to demand sex in a relationship, they have two options: finding the moment together, resolving, never to go to sleep angry, and reconciling and enjoying intimacy beforehand or taking advantage of that one moment when the other partner is sleeping. It's not consensual because the other person doesn't notice.

I was the person who couldn't remember anything. To this day, I don't know whether it was sleeping pills, his drugs, some pills, or I was knocked out. For him, it was a feeling of power over me; for me, it was a nightmare that came true.

When I woke up in the morning and knew that something was wrong, snatches of a memory from last night flashed in my mind. I was shocked and had a real problem. All I could remember was going to bed the night before. All that happened then were the flash images. Jörg was happy and satisfied, proud of his actions. You are definitely in the wrong film.

The disgust for these people rose up in me. I was used, made submissive to his sexual fantasies. How dirty or humiliating can you feel when you black out?

All memories of it were blocked out. The fragments of memories were bad enough to make me feel so dirty and disgusting that I wanted to spend the day in the shower with a hard brush. I had an urgent need to rip the skin off my body, layer by layer. I've forgotten over the years how long I spent in the shower. My thoughts always revolved around the fact that this shouldn't have any consequences. Maybe I had internal injuries? What else might have happened? What had he done to me?

To this day, no one in my acquaintances or circle of friends knows what happened to me. I never made it an issue. I could have left, of course, but I lacked the courage to start again. So you surrender to your fate. Why didn't I report him? I actually asked myself this question for a long time. Maybe the proof was no longer there. I ended up "peeling" myself in the shower.

Through this book, my circle of friends is now privy to this event. Even my best friend and my closest friends will probably now find out about it through this book. I'm ready for it.

About three months later, I finally found myself at the gynecologist. The monthly period stopped. I thought it was stress and didn't really think about it, especially not looking back at what had happened. Nevertheless, I called my friend and asked for a good gynecologist who wasn't near me but had an appointment available as soon as possible. Sometimes you live in a village, in a big city, and people talk faster than the newspaper is printed.

My friend Ilona recommended her local gynecologist to me. The gynecologist was on a side street, a little out of the way on the outskirts of the city, and a doctor with a lot of understanding. I got an appointment very quickly. The waiting room was large and bright and busy with single women and couples. I only saved film segments from the rest of the gynecologist's office for myself. I was called and taken to the treatment room. After a short wait, the doctor entered the room. We clarified the first things by asking about my last period, contraception, and whether I wanted to have children. The doctor asked me to remove my clothes behind a curtain so she could do an ultrasound.

I changed for the examination, put on a surgical gown with a gallant opening, closed at the back with a ribbon, and took the desired position on the cold gynecological chair. I placed my feet in the bracket provided, and the doctor began the examination and the first scans on the book. During the vaginal sonography, the doctor was able to quickly determine the location of the fetus, the heartbeat, movements, and development as well as the week of pregnancy. After determining the provisional due date, the doctor finally said, "Congratulations, you are pregnant, around the end of the thirteenth week." I could see it on the ultrasound picture, the little fetus in its little amniotic fluid shell. After three pregnancies, this was nothing new and could be easily recognized even by a layperson.

I started crying, and the doctor thought it was tears of joy. She took a few more measurements and printed out an ultrasound image for me. I held the picture in my hand with shaking hands. What had happened here? Could this really be true? Was this the result of a night with fragments of memories? The heartbeat was clearly visible and heard in the echo for the doctor. I was allowed to get down from the chair, put my clothes back on behind the curtain, and then we talked.

During the conversation, I tried to explain to the doctor that this pregnancy did not occur in the usual way and explained to her with what I knew from the day in question. I explained to her the current family situation: recently separated, stalked, monitored and controlled by an ex-boyfriend, and alone at home with a small child and a teenager. I was shaking all over because I didn't know what to do now in this situation. What was next? With a small child, you already face the daily horror of your ex-partner. What would trigger this if I was pregnant? It was hard to imagine what the process would be like.

The doctor explained to me all the steps and options for this special path. Up until this point, I had always been determined that I would never have an abortion. This is about life. The heart was visible and beat in rhythm. The circumstances of conception were bad enough, but I had to make a decision. The doctor gave me contact details for a doctor who was supposed to carry out the procedure, the contact details of the Pro Familia advice center, which you have to visit beforehand if you want to have an abortion as well as information about the application process with the relevant health insurance company.

We said goodbye, and I left very quickly and totally upset. The way home was almost endless with what felt like a thousand questions in my head. Is what I was doing right? Abortion? Why me? There was a helpless living being who hadn't been asked whether it wanted to live or die. Into what world would I place a child conceived under unusual and abnormal conditions? How would I explain this pregnancy to Jörg when the current situation was anything but pleasant? If I already had this terror, would I pressure myself to stay together now? There were so many questions, so few answers, and no time to clear my head. I didn't want to do it, but I did it. For me, I saw no other option at that moment to take this step.

At this point, I had just moved into my new apartment, alone with two kids, and the relationship with Jörg had ended at the moment. The problems had just begun, and Jörg couldn't cope with the separation at all. How should I explain why I was at the doctor for so long and that I needed to see another doctor again? Could he imagine it, or could he imagine it from that night, having sex without consent, and a pregnancy now?

Whenever I couldn't take my children with me somewhere, like when I went to see the doctor, Jörg looked after the children. All I had to do was call him, and he was there and disappeared shortly after I got home. He was therefore able to exercise and fulfill his right to visitation, which had not yet been regulated by the court. Even if he had never shown any real interest in the kids before, he was now able to demonstrate this before the court would officially determine this. I couldn't give him my children, so he was in my apartment, where the children were in their usual environment.

It was good for me that I didn't have to listen to the pointless conversations about trying again; he had a full schedule of activities with a teenager and a small child.

When asked, I told Jörg that a cyst had been discovered during a routine examination and that I would have to go to the doctor again so that it could be removed in an outpatient appointment. He responded promptly, "I thought you were pregnant." I just laughed briefly and said that the cyst was not pregnancy but that it had to be removed immediately.

At that moment, it was not possible to tell the truth. The situation was tense enough.

When he left my apartment, I was able to make the necessary and urgent phone calls, submit the application to the health insurance company, and arrange a consultation with Pro Familia. A few days later and still with many questions, we went back to the other gynecologist who would carry out the abortion. After the examination, I received the appointment and the last important information. Getting through the next few days with this secret and a lie until the termination was terrible for me.

The abortion took place in the morning and was probably very quick. The pregnancy was already a few weeks advanced and was very close to termination. All I remember is that I came into a small room with surgical clothing, where the doctor and the surgical nurses were waiting. I lay down on the operating table, and next thing, I woke up in the recovery room, where I was supposed to stay until the anesthesia was completely gone.

I couldn't say anything. I was sad. I couldn't say goodbye. I couldn't explain.

At home, I had to come up with a believable story that the cyst could be removed without any problems. Only later, I think it was during an argument did I offer Jörg that the cyst was an abortion. There was no scene, no attempt at conversation about it. He knew exactly that it was from the night in question that he was very proud of.

> I will deal with the topic of abortion separately later.
> I'm truly sorry.
> I had no choice to take this step.
> To protect us, to protect you.
> I give you into God's hands.
> (November 2010)

> Your eyes saw me,
> because I was still unprepared, and
> were up every day
> wrote your book, the
> should still be, and
> no one was there at the same time.
> —Psalm 139:16

PART 8
We Need to Talk about It—Attrition

This is a topic that can fill entire evenings and completely tear friendships apart. It was not my intention to delve deeper into this topic because the states have adopted different laws on it. I would like to use my story to give you an understanding of the situation and my feelings. Since then, I no longer have a clear position on abortion for myself personally.

Biblically, rape and the resulting pregnancy are wrong. An abortion resulting from this, no matter the pain involved, is injustice. You cannot remain neutral with the statements here. In the Bible, we find clear statements about this that can help us here.

> I knew you before I formed you in the womb, and before you were born I chose you to serve me alone. (Jeremiah 1:5)

> Thou shalt not kill. (Exodus 20:13)

> Even when I was formed in secret, invisible, yet elaborately formed in my mother's womb, I was not hidden from you. (Psalm 139:13–16)
>
> Children also are a gift from the LORD; Whoever receives it will be richly rewarded. (Psalm 127:3)
>
> Abortion is a matter of life and death for a human being created by God (Genesis 1:26–27; 9:6).

I know I didn't have the right to do this. Nevertheless, I did it. The fetus was innocent and was being punished for something the father did to me on that crucial night. For me, I didn't see any other option. Jörg was already so dominant and verbally treated me like a piece of trash every day, a form of life that I do not deserve to feel, speak, or act independently, let alone breathe.

Our son was truly taken to heaven, and yet in his eyes I was unfit to be a mother. I was accused of having illnesses, like Munchausen syndrome, which made me look bad.

From this point of view, I was a single parent, especially when I was separated from my relationship.

However, the psychological terror would have accompanied me throughout the entire pregnancy with 100 percent certainty. I had already had control and surveillance and stalking at this point.

So this wouldn't have changed. At that moment I wanted, you might forgive me, to find closure to the martyrdom.

A pregnancy and then giving it away to another family would not end the terror. I cried bitterly for this decision. I cried because I had never seen this in my own life and people who had done this. I never understood this decision until this moment. Only when I reached this point myself was I able to understand the situation of women.

I felt bad in my heart from the first moment and for a long time afterward. There are things you have to do alone. I felt panic and fear on the day of the abrasion, and no one accompanied me because no one was allowed to know. Only my brother was left of the family, but I couldn't inform him either.

The staff in the practice were nice, but I could tell I was just one of many who had this procedure done. It's like you're in a tunnel; you just push through it, turn off all feelings and emotions, and go through this process.

I was in pain afterward. And, yes, it was my own fault. This pain was that of a heavy period bleeding, where all you want to do is lie on the couch with a hot water bottle and a wool blanket, except that I was still lying in a bed in the recovery room in the outpatient practice. The fact that I had actually had the abortion didn't make it any better at that moment.

There was no opportunity to mourn, say goodbye, or anything like that. It's not being coldhearted when I say that there was a small child waiting at home, a teenager, and an ex-boyfriend, who still believed that his terror caused the reversal of my decision to break up to what felt like the tenth restart of the relationship.

I had to function, and I couldn't let anything that happened at this appointment show.

It should never be the first decision to let it come to an end. Giving up for adoption after birth or raising it on your own are just two reasons. Counseling centers or the church—the clergyman or the pastor can help you with these questions.

> If you decide despite everything,
> then you will through faith
> given to Jesus Christ.
> —1 John 1:9

In the USA, after fifty years, the leading judgment of Roe v. Wade in 1973, the Texas Supreme Court overturned the abortion ban. This clears the way for individual states to have their own laws. About half of the states severely restrict or prohibit rubdowns. Abortions after the sixth week of pregnancy, when the fetus becomes viable, would then fall under murder and be punished accordingly. However, many women do not know that they are pregnant until the sixth week of pregnancy. For pregnancies that occur after rape, incest, or when you are a minor, there are doctors who are unable to initiate an abortion out of fear. Affected women then travel long distances to have this done in another state.

Abortion remains unpunished until the twenty-second week of pregnancy.

Canada is the only country in the world that regulates abortion.

If you are ever faced with a decision, be sure that you will not receive any encouragement from anyone about your decision. No one will hold your hand or give you a tissue, let alone cry with you.

It is important to look for family welfare advice centers, churches, family advice centers, health insurance companies, hospitals, midwives, family doctors, and gynecologists.

Get detailed advice about the options and then choose the right step for you. No one can make this decision for you; it will always be hard and devastating. But in the end, it is your personal decision that you will and have to live with.

> You never know
> how strong you are until it
> your only choice is to be
> strong.
> —Bob Marley

> When the strength runs out,
> salvation is grace.

CHRISTINE KERN

—Unknown

Your body is strong
and can withstand a lot.
On what you are on,
you have to be careful
of your soul.
—Unknown

PART 9
Be Free

Shortly after New Year's 2011, I was finished with Jörg—done with all the ups and downs, with baseless promises, with possible changes or improvements, with reconciliation gifts, with verbal and psychological attacks, with surveillance and control and stalking. I just couldn't take it anymore. A heap of misery and a shadow of oneself describes it quite well.

I'm not actually built for water, but this time was too much for me. I cried when I was in the bathroom, I cried when I had moments alone. And when the key turned in the lock, I started shaking and getting scared. I didn't want any of that anymore. Having this drug-addled, swaying, slurring person in my apartment, who pretended to be looking after the kids and instead watched me and commented on everything. I no longer wanted to be his nanny or his playmate.

You are desperately looking for the door to exit this relationship, and all you find are detours. No friend in the world can take this step for you. She can take you by the hand and give you moral support when you are ready to fire the starting signal into a new life, but you have to pull the trigger for the starting signal all by yourself. There's one more time to cry, one more time to tremble, and one more time to be afraid for yourself and your children. You can do it; you can do it. Everything is better, like the life here that you currently have and is not a life.

At the beginning of New Year 2011, I had so much strength and energy within me that I was ready for anything. Today was the perfect day to draw a line, to untie yourself from this dependence, and finally be free. Being free, how did that feel?

For me, everything was said, and when I asked him the question, Where do you see yourself in five years?" his answer was always the same: "Like now, we as a small family."

He asked me where I see myself in five years. The answer came carefully and spontaneously: Not at his side and completely without him.

That morning, Jörg claimed the couch as his own while sleeping. Attempts to wake him were futile. Even when I received a visit from my friend and neighbor Ela and her husband, Tom, he made no move to make room. He was pumped to the max with a colorful mix from the surprise bag.

Together, we managed to put him outside the door on the steps to the entrance of the house. I quickly packed his things into several cloth bags and added them. I was able to take the key to my apartment from him so that he could no longer get into the hallway or into the apartment. Then I took my children, locked my door, and quickly went up a few steps to Ela and Tom's apartment. I was so excited, shaking like a leaf all over. I was afraid of how loudly he would freak out and whether he would riot when he came to. I paced back and forth around the apartment restlessly while my kids played peacefully and didn't notice any of the unrest. I looked down from the window above and saw him still sitting there, leaning against the wall of the house, far away from all senses.

Was it right? Was that the right moment? Would I be able to get through all of this emotionally? Was this what a new beginning feels like? I was dissolving… Yes.

Ela and Tom tried to calm me down and gave me courage and confirmation for this great step. I still couldn't believe it. It would probably have been the best time to get uncontrollably drunk and at least toast this exasperated courage with a glass of champagne. Hello, self-confidence. You were spoiled for so long. You can now come back to me.

When I looked down from the window again a little later, he was gone. From now on, the starting signal was set for Jörg, eye for eye, tooth for tooth, hand for hand, foot for foot, brand for brand, wound for wound, welt for welt (Exodus 21:23–25). I never really thought about the extent of it. You have no idea that a man can't cope with a breakup.

I thank you, my Father, for your boundless courage, willpower, and determination to be able to take this step on this day. Thank you for putting Ela and Tom at my side as great help. Thank you for allowing me to be free. Thank you that my children were able to emerge from this situation healthy and uninjured. In Jesus's name, amen.

> Everything evil needs to win
> are good people who do nothing.
> —Unknown

> I won't let myself
> to ruffle,
> because only
> The ignorant are angry
> above all.
> —Ecclesiastes 7:9

PART 10
Parallels

My intention here was to reveal part of Jörg's psychological report to perhaps give you parallels or a warning sign that tells you to avoid this person in the relationship.

Conclusion: I made a separate chapter out of it, on the one hand, because narcissism cannot be pinpointed to a group of people, age, childhood experiences, or upbringing issues. Remember, the person in question did not have a neon sign on his forehead telling him what he is and what makes him who he is. On the other hand, there is no typical picture. It can perhaps explain a little better after why. I have therefore created capital 10 for him.

Living and learning for life

Maybe, I don't want to rule it out. There are parallels in childhood, but I would never say, "Oh, yes, I know that. I already had that. You're one of them too." Jörg had a bad childhood in a typical working-class family. Alcohol, the parents had little time for the two children. Stress and violence in the family were the order of the day.

Fear of loss, lack of attachment, tolerance, and lack of structures were recognizable characteristics in further development. He copied what Jörg experienced in his childhood into his own life.

I can't judge whether all the things that happened to me in the years in the relationship and after were his own experiences or just a reaction to the loss.

At some point, in 2016/2017, after scenes where Jörg was drunk and lying on top of my son, and he was screaming for help or the attempted kidnapping from school, I took a few therapy sessions. I was like a pressure cooker with the valve at full stop, ready to blow up in your face the next moment.

I needed a common thread, a condition guide, to be able to look behind the facade and realize what I could do to survive renewed attacks against myself or the children. The police response is when you literally have a knife in your back and are half dead, dragging yourself to the police. I was scared. I panicked. At times like this, a big city is just a village. I was very reluctant to leave the house, and when I did, I would look through the curtains at the street for hours, looking for him or his friends.

I can say the following to explain my son's attempted kidnapping. Just by God's guidance and advice, God asked me that day to drive across town with a fever, despite having the flu. He put the words on my heart and ears: "Go and save Falko. Now. Go ahead." Three S-Bahn stopped from the school, and after a ten-minute walk, the director called me excitedly and asked me how quickly I could get to school. The father tried to take my son out of class and waited for him at the fence during recess and urged him to come with him. I told the director that I would be there in five minutes and that she should get my son to safety in the meantime.

The director, a devout Christian, to whom I tried to explain the divine reference, understood me immediately. I could leave unnoticed after a while with my son through a side exit.

The father later testified in court that he had had a meeting with the director.

I learned it was not about my child. It was about me. It was about loss of control, about loss of ownership of the child, about becoming happy, something he had never experienced himself; to be able to live nonviolently, something he never learned; having normal conversations, something he had never experienced himself; to have a family life, which he never had—everything that was normal that you might have seen in a cheesy telenovela about family life and could empathize with. It was about honor and pride. How do you stand in front of your friends when others find out how your friend has run away with the child?

You can certainly add a lot of points below this, but would it actually change anything?

I'm not cut out for this violence, whether physical or psychological violence, whether it's years of stalking, surveillance, denunciation, insults, stalking, or other unusual practices in a relationship. Something like that scares me, gives me inner unrest, and makes me nervous. I see his face, every muscle tense, hear that voice that doesn't want to hear you anymore, and wonder how far you want to go. *Are you still going to destroy me?*

The interpretation of Matthew 18:20 is about different personalities, according to which God intentionally brings differences together. I'm sure something hasn't gone terribly wrong here.

My beloved Father, I thank you for giving me so many tips to avert danger. I thank you that your voice is always loud, powerful, and strong in such moments that I cannot ignore it. I thank you that we emerged unharmed in all the situations. I love you, my Father. In Jesus's name, amen.

> I want to guard my heart
> with all diligence, because
> life springs from it.
> —Proverbs 4:23

WAY OUT OF MEMORY

> If my actions please God,
> let him even persuade my enemies to
> to make peace with me.
> —Proverbs 16:7

PART 11
Psychology Meets Jörg

As a result of many legal proceedings that I have had the privilege of experiencing over the course of eleven years, two expert reports were commissioned. The issues here included family matters, stalking, and physical assault.

Until then, I always thought I knew a lot about Jörg. Through this report, I learned so many incredible things about Jörg, which really shocked me. But just judge for yourself. Again, maybe you will find parallels to your situation.

The first report was prepared in 2016.

Jörg was very talkative here, and I learned things here that I had never dreamed of. Even for me, as a positive-thinking person, the shock was inevitable. Was I really so mistaken about this person? It was a completely different person who was described here, another person that I experienced in the relationship and another different person after the separation.

Regarding childhood, youth, and relationships with the family, Jörg stated that youth literally took place through the example of his parents in his parents' pub. The father was extremely violent. And if you tried to curb his impulsiveness, the mother felt the violence. A short-term separation of the parents at home did not bring any improvement because the mother returned to her husband with the children.

Jörg stated that he voluntarily went to a children's home, where the freedom he gained became too much for him, which resulted in him being transferred to a children's home for young people with difficult upbringings. Out of a relationship of dependency, contact with the father arose again, and he promised a nonviolent upbringing. Unfortunately, this didn't last long, and Jörg found himself standing in front of the doors of a children's home again, asking for help. The dependency within the family was currently noticeable. The mother herself, submissive to her husband, endured the violence against herself and the children. She herself was unable to protect the two children, something Jörg repeatedly accused his mother of for many years afterward.

He then continued his usual tone with me. The excuse he gave is that he didn't learn any other way. But over the years of the relationship, he felt his tone had improved.

Really? Does he see it that way? Interesting why don't I know about this.

He perceived the contact with his brother, who was two years younger, as a competitor for his mother's favor. Contact has now been completely broken off over the years.

His history of drug use is frightening. He started smoking at the age of eight, had his first violent crash with alcohol at the age of ten, and smoked weed for the first time at the age of twelve. LSD and other drugs came along pretty quickly.

Over the years, Jörg has had little insight into the risks of drugs and their consumption. His criminal past with serious bodily harm and robbery, as well as in a social therapy facility, did not lead to any real insight to change. He just learned approaches to deal with disputes.

When it comes to partnership, Jörg was able to explain himself with previous two partnerships. Each lasted three years, and the partnership with me was the longest to date.

School education was difficult, and contact with classmates was usually characterized by violence. He couldn't get involved in the class community. But Jörg mostly disrupted the lesson. He dropped out of school and managed to get his advanced secondary school, leaving certificate the second way.

Jörg's professional career is manageable. "One thing on his mind," according to which work would not be on his list of priorities. Abandoned apprenticeship, casual workers (day laborers), mainly in construction and landscaping or in municipal garbage collection. These job offers never lasted long because according to his own statements, he had many.

When describing himself, he recognizes his tardiness, feels like he loves justice, and is full of loyalty and reliability (um, beginning of sentence?). He has a very loud organ that is more negative than positive and is often classified as aggressive.

Cigarettes and marijuana are consumed daily. There would be no regular consumption of alcohol but rather prudently and carefully and in company. Then he drinks coffee with whiskey at home, but that's not worth mentioning. (The coffee consumption was terrific.)

His criminal record mainly amounts to physical injuries, according to which Jörg was convicted and sentenced to imprisonment three times. In prison, he had psychotherapeutic treatment, but Jörg did not perceive it as such. He found a social therapy institution more pleasant, but he still committed a few outbursts. To this day, I still remember boastful prison stories.

Overall, Jörg was described as a problematic personality. His consumption of various intoxicants was endangering the child's welfare due to his behavior. In the 2021 report, terms such as limited affect control are used relatively often. According to his own statements, he started smoking at the age of eight. Jörg was drunk for the first time at the age of ten, and consumed THC for the first time at the age of twelve. When he was a teenager, he consumed LSD, and from the age of nineteen to twenty-one, he increasingly consumed various drugs. His drug use dates back more than thirty-six years. Today it's mostly two to three joints, depending on his financial situation, speed various tablets, and crocodile drug once a month.

The court even commissioned a toxicological report. A leg hair sample was taken, which contained cannabinoids delta-9 tetrahydrocannabinol (THC), cannabinol (CBN), cannabidiol (CBD), amphetamines, as well as nonopioid analgesic metamizole. Such hair samples were taken and examined several times in one quarter. The values had not changed.

He described his life situation as follows: lost his own apartment, lived in his partner's apartment in a new, short relationship, moved into their basement after the separation, and finally ended up in a homeless shelter. He can try living in an assisted living community with two other homeless men, which was accompanied by a lot of violence and disturbed the general peace.

Jörg is occasionally moved to other sheltered facilities for homeless people.

Both his parents have now died, and there is still no contact with his younger brother.

Jörg's current place of residence is unknown.

The last information my lawyer and I received at the last court case in 2021 was the stay in a homeless shelter for men in Berlin.

> I ask only one thing from the Lord,
> this is what I want:
> To dwell in the house of the Lord
> all the days of my life,
> the kindness of the Lord
> to look and ponder
> in his temple.
> —Psalm 27:4 GV

CHRISTINE KERN

God is far from those
who don't want to know anything about him;
but he listens to the prayer of those
who love him.
—Proverbs 15:29 NIV

PART 12
Bodily Injury to the Child

For me, the time has come that represents the most difficult and toughest hurdle in this book. It lays out everything why it's important to me that you know about this, that you take care of yourself, and don't fall into the same trap. For me, this area is one of the most emotional and worst moments ever. If you saw how much my hand and fingers are shaking, how restless I am, and how close I am to crying, you wouldn't be able to help me.

Do you know that?
You just sit there
and suddenly you start
to cry
because everything becomes too much.

Okay, I'll try to start.

It's been four years since I separated from my father, and I'm still harassed, monitored, controlled, provoked, worn down and stalked. I feel like a hamster in the hamster wheel, trying to find a way out of the situation, find, and run in place because no one will believe me about how vile, calculating, provocative, determined, and dangerous this man really is. How often in this life does something have to happen before someone believes you?

In the case of access rights, the other parent must know the contact details, such as the address and mobile telephone number. It doesn't matter how you feel about it. But in the important moment when the other person has to reach you, this is necessary. The rest of the time, it is not necessary to use this data.

Questions about raising children are often never in agreement with the other parent, and their ideas can sometimes be borderline. A certain structure would still be desirable to ensure the child a certain stability. In my case, it was completely different. I don't know if this was calculated and deliberate or just his moral attitude toward it.

But in the maternal instinct or the seventh sense or God's hint and impulse that day, it was different than usual.

During a visit on a weekend, where my son was supposed to spend a good time with his father, he came home in a completely different state than usual. My son was let out of the car on the side of the road with his small backpack. His father gave me a quick wave and then quickly drove away.

My son came running toward me and was crying bitterly. He clung to my neck and sobbed about how bad it all was and how he never wanted to go there again.

I looked at his teary face and saw a handprint on his swollen cheek.

When someone, no matter who, does something to your child, you become unpredictable. Punishing, reprimanding, or immobilizing a helpless child by beating is not the way.

My son tells me everything about how he was hungry but didn't want to eat the food his father gave him. Since he didn't rest and asked for other food, he received a slap in the face that hurt him very much and was visible for a long time.

I calmed my son down, took photos, and called the local police station. We went to the station, where the inspector took a report of bodily harm to a person under protection.

From then on, there were constant problems during the weekends. The father was tensed and irritable. My son was cautious, sometimes unwilling to interact, and hostile. I tried everything to make myself heard. The youth welfare office and lawyers saw it differently, and I had to hand over my son again and again. The police report continued, and the youth welfare office, family court, and lawyers had their own opinion on it. Statements like, "Didn't we all grow up being hit?" and Did it harm you?" were the most common thing I heard.

I was pressured and coerced to withdraw the criminal complaint. I would only harm the father, and he only loves his child, who couldn't cope with the separation.

It was a battle against windmills. The threat of violence is punishable in Germany and can therefore be prosecuted.

Jörg apologized to his son weeks later, arguing that my son had annoyed him, and he had no way out but to strike. My son was asked to ensure that he never provoked him to such an extent again, then he would no longer be in the situation to strike.

Later, maybe months, Jörg retracted that he had ever said anything like that.

My son revealed himself to his occupational therapist, who then spoke to me about it. I asked her to testify at the upcoming court hearing.

The criminal complaint led to a court hearing. The father didn't show up, had no lawyer. I was present as a coplaintiff. The trial went very quickly, and the father was sentenced with an entry in the criminal record and a fine of nine hundred euros, to be paid in daily rates of forty-five euros each.

He later stated that he had not received a summons to the trial and wanted to object. However, this deadline had already passed.

There was another incident where he tried to discipline my son. He wasn't fasting, but my son didn't eat anything the whole weekend. Apparently, the father had forgotten to go shopping for the weekend with his son. My son came back home on Sunday afternoon, completely dehydrated. The little boy attacked the refrigerator and ate everything he could eat in a short period of time.

I informed the youth welfare officer, who dismissed it as a triviality.

He also didn't stop at showing his power to my son in the healing afternoon of the free church community. We had agreed that he would bring our son there at the end of the contact weekend. He sat farther back in a well-filled room. I only heard my son's clearing cry and his attempt to defend himself against his father after a while.

Guests sitting in front of me reacted, and together we intervened to free my son from the situation.

My son should sit still, which is difficult for him to do if he has ADHD. The father tried to get him to do so with strong hand movements, and my son quickly responded with a headbutt. The father responded with a slap in the face.

He was banned from the house. And after informing the youth welfare office and lawyer, I could only hope that something would finally be done.

Unfortunately, in Germany, the principle is that only when you have a knife in your back and can crawl to the police will they take action. Otherwise, they will grind official mills very slowly.

Even though I managed to get a conviction for bodily harm, the youth welfare officer still tried to sweep this under the table.

Fight for your rights,
fight for yourself and for your child,
never give up.
Never.
Fight the good fight,

WAY OUT OF MEMORY

without any violence
for peace in body,
Mind, and soul.
People ask me:
"What is the bravest thing
that you have ever done?"
My answer:
Keep going,
even though I wanted to give up.

PART 13

The Journey Is the Destination

In ten years after the separation, I went to court nineteen times for out-of-court settlements or court hearings. I fought, always had my Bible with me, and read it and prayed every free minute on the way to and from court hearings, during breaks in the hearing. God's word gave me strength to survive all these negotiations that Jörg wanted to use against me. God's Word also gave me the calm and wisdom to face injustice in judgment.

I don't have a panacea or a saving anchor for you. I can share with you my experience, which helped me to get my goal, my peace, and my heart back with the perseverance and perseverance with God's strength.

It's up to you. You alone decide what use you make of it, whether it's feasible for you or whether you just need time for the right moment. I can't guarantee whether my tips will be just as effective for you. But there you go; what do you have to lose now?—maybe one or two failed attempts, nothing more.

I'll list my tips for you here in no particular order:

All offers that family courts make to you, offer you, order you to attend certain discussion groups or separation groups—do so. Do this without the separated partner, using different times or different days if necessary. Have your participation confirmed in writing. This shows your willingness to be cooperative.

Be sure to attend courses, like "Kind im Blick" in Germany. This is district-based and can also be visited without a partner, free of charge, and really recommended. You learn how unconsciously you dragged your child into this separation. Here you receive a certificate after successful completion, which is always something a family court is happy about, while the narcissist has problems even completing it.

Keep a note booklet for the contact/visitation days. In it, you enter everything important in brief that the other parent needs to know. The other way around, of course, is everything you should know. This saves you every time the discussion and arguments about not knowing something. It is also good evidence for the youth welfare office and family court.

If injuries occur that go beyond a ratchet, go to the violence prevention clinic or emergency room and have an examination and photos recorded and reported. Think about the proof of family law.

If stalking, collect everything—really, anything that shows that this is far from normal. Screenshot from the cell phone, print from Messenger, etc. In my case, there were over seventy-two pages from registrations on porn sites, dating sites, mail order companies, messages in the form of screenshots from the cell phone and from social media.

If the question arises about the psychological family report, agree to it. Ask to have it done by a male person. There are enough women in profession at the court, youth welfare office, guardian ad litem, or other institutions. Do you need the question and what the is aim of the report? Be sure to go into it positively; after all, you are doing it for yourself. Thinking negatively and making accusations show immaturity and could be interpreted in court that you are unable to cope with the separation. If he puts on a show, let him. This only plays into your cards in a positive way.

Even if it's unusual, and you've just been emotionally hurt, choose a man and ask about his references and experience with narcissism in a breakup.

If judges or legal counsel are biased, don't be afraid to take the necessary steps with your lawyer. I took this step, which is not ordinary and requires a lot of evidence. It went well for me and, after switching to male people, got a good conclusion.

Collect evidence always through confirmations, affidavits, screenshots, or doctor's certificates—just everything. Don't forget anything. It's better to have too much confirmation than too little.

Access rights apply to the child and not to you. He has forfeited his right to determine or have a say in your life for all eternity.

Very importantly, change your data, such as email address and telephone number. I had a phone number just for contact hours so I could save myself the terror between days. A new email address saves you trouble if your ex-partner registers you with mail order companies, porn sites, and dating sites. Block him on social media ASAP. If he pretends he can't reach you, you have a lawyer and a mailing address. And for a quiet weekend, don't open the mail until Monday. You can't do anything on Fridays anyway because your lawyer will be enjoying the weekend too.

Here, too, I could definitely give you two more pages of tips. I think it's enough. You know what to do now. God loves this person too. He just wasn't the right person for you and the right person for him. You don't deserve violence. Never.

Put your trust in God. Everything will always work out in the end.

It's time to open the final part. This part is important, crucial for everything that God has in store for you afterward and everything that will flow toward you. It is important for healing.

You are welcome to copy or supplement my text however you see fit. Choose a moment of absolute calm, and then take a deep breath, become calm inside, and say the following words with all your heart.

PART 14

Forgiveness

My heavenly Father, my Creator and Savior,
I call you for help and beg you
with your heavenly messenger
to support my project.

I want the soul of Jörg
bound to me help to be free.

That's why I'm speaking to Jörg's soul now.
Listen carefully to what I have to say to you:
You are bound to me because you
you caused me pain in your way.
I'll let you go; I'm ready to forgive you now.
I want the pain and hurt I experienced
placed in God's hands.
They are over for me and
don't return forever.
I forgive you and
let everything go now.

CHRISTINE KERN

It's hard for me
thinking about all the bad moments.
By writing down this phase of life,
I relive every moment.
Even if you didn't know any regrets in all these years,
I want to forgive you today and
release myself from the pain.

My Father, the heavenly messengers,
who gather around me,
share with the soul my desire for forgiveness,
freedom from pain with.
Father in heaven, protect the soul of Jörg but also
mine from further pain and unnecessary suffering and fear.
Fill our hearts with all your love and strength.
In Jesus's name, amen.

PART 15

Confess

I would like to invite you, if you have not yet met our Father, to do so today. It may only take you one minute, and it will change you forever.

My heavenly Father, I know that I am a sinner. Please forgive me for my sins so that I can come to you with a pure heart. I promise that I trust in Jesus, your Son.

I believe that Jesus took on my sins and died for me.
I believe that Jesus was raised from the dead.
I believe in the Holy Spirit and the three Gods.
I confess that today I give my life to Jesus.

Thank you, God, for your forgiveness and the eternal life you give me. Thank you for loving me so much and accepting me as your beloved child. Please help me to live for you. In Jesus's name, amen.

PART 16

Restart

It took a long time for this area, a long time to sort out my thoughts, a long time to let my tears flow to the end, and a long time to be able to put my feelings into a package so that I can put this into God's hands.

So much more has happened that has no place here or where one bad action against me or against my son would follow the next. There were a lot of things that affected me so emotionally that I had to find another way to get rid of them. Sorry, to the forest and "venting."

I have tried to tell you here with my emotions and feelings what a battlefield a single person can cause in your life when you fall in love and become the cruelest and most hurtful person in your life. You don't see what lies behind a human I until the other person reveals themselves to you.

If the pull is so deep that you feel like you'll never get out of it and just want to live with the pain and injury, let me tell you:

There is that path out there.
He is there and waiting for you.

WAY OUT OF MEMORY

This path is new for you,
with many interesting impressions
and emotions,
with many people,
who are not like Jörg and
just waiting
that you get to know him.
Perhaps,
in my case, it was ten years.
Does it need something,
a little bit of time,
to be able to trust a person again,
To let him into your heart, and
you are happy, satisfied, and balanced again?
Maybe you'll go today.
just go to the door and
discover a completely new and different world
that is simply good for you and
where you don't need as long as me.

The route is the goal.

Why did it take me so long?—because my pain was so deep and had to come to the surface so that it could finally find a way to come out so that I could heal.

Yesterday I asked my pen friend the question, What if Jörg decides for God today, tomorrow, next month, or in a few years, will God forgive him everything, in fact, all the guilt he has caused to all people? To put it bluntly, yes.

I'm left behind, who hasn't forgiven him yet because I'm still healing. I know what God wants from me with this book.

Forgive him.

My fear is that he might do it again. Will he hurt my son again? Can I always protect my son from this? Will the stalking finally come to an end? How much more can I take? How often do I have to move and look for a new home in order to find peace and security? You can never be sure.

What is certain is that God gives me something new every day and gives me the opportunity to make the best of it. My son continues to grow, and he has become very strong in this area of life. I don't need to worry.

Aren't you afraid that this will never end?

I've asked myself this exact question for years. There were moments when I had forgotten it, and there were moments when the thought wouldn't let me go.

If a seagull flies into a window, does the seagull stop afterward because it's hurt?

Once you've slipped and fallen, and people have seen how embarrassing it was, do you stop going out the door because it might happen again?

Once you've choked or felt like you're about to choke, do you stop drinking or eating because you might choke again?

Once you gave your heart to someone, you never wanted anything else, and it became a minefield. Do you then close your eyes and get a heart of stone because no one is allowed to love you anymore because they could fall for someone like that again?

If you made a mistake in your life for which you were punished, will you then remain in prison extra so that you can punish yourself further and lose the opportunity to keep all your projects and dreams out for the rest of your long life to implement?

Okay, this is a comparison that may not have been properly expressed in words, but the person I'm addressing now understands exactly what I mean.

Why am I writing this book for you?

As I was on the way to church, God asked me to write a book about it in order to help those who have had similar experiences or people who are currently in the same situation as my experiences.

With this book, I want to give you courage, power, strength, energy, trust, love, perseverance, a healing heart, and let you know that you can do it.

When you turn the page, you will find a page that is so wonderful and great, that shows everything that awaits you, how great the people are, and how much God loves you from the first moment and with all his heart. Don't be suspicious; what was is now over with this book and this page.

Take your life back, and do something great with it. Are you ready?

Then open a new chapter in a magnificent and unique book: your book of life.

> Wherever I go, the Lord gives me victory.
> —2 Samuel 8:6 AMP

About the Author

Christine Kern grew up in a very moving past with many obstacles and hurdles. Christine entered into a relationship with God at the right time and was able to distance herself from the difficult and painful past and experiences. Blessed by many wonderful testimonies and encounters with God, Christine was able to fulfill her God-commanded mission to write this first book, *The Way Out of Memory*, as a useful guide for others. Christine wants to reach everyone who finds themselves in similar situations and show them a way to take control of their lives—true to the motto, "The journey is the destination." Christine is accompanied by her best friend, God.

La Salida de la Memoria

CHRISTINE KERN

ISBN 979-8-89345-606-6 (tapa blanda)
ISBN 979-8-89345-607-3 (digital)

Copyright © 2024 por Christine Kern

Todos los derechos reservados. No se permite la reproducción de este libro, ni su distribución, ni su transmisión en cualquier forma o por cualquier medio, sea éste electrónico, mecánico, por fotocopia, por grabación, u otros métodos, sin el permiso previo y por escrito del editor. Para solicitudes de permiso, solicite el editor por la dirección siguiente.

Christian Faith Publishing
832 Park Avenue
Meadville, PA 16335
www.christianfaithpublishing.com

Impreso en los Estados Unidos

Índice

Introducción 79
Expresiones de gratitud, acción de gracias 85
Transcripción 87

Parte 1: Una cita en un restaurante de comida rápida 91
Parte 2: Gafas rosas y rojas 95
Parte 3: Inhibición de la violencia 100
Parte 4: Vacaciones con el *ex* *105*
Parte 5: Hablemos de narcisismo (ejercicio seco) 110
Parte 6: En el espejo del narcisismo (Memoria) 121
Parte 7: Sin mi consentimiento 125
Parte 8: Necesitamos hablar de ello: desgaste 131
Parte 9: Ser libre 135
Parte 10: Paralelas 138
Parte 11: La psicología se encuentra con Jörg 141
Parte 12: Lesiones corporales al niño 145
Parte 13: El viaje es el destino 149
Parte 14: Perdón 153
Parte 15: Confesar 154
Parte 16: Reanudar 155

Introducción
"Ayuda a otros con lo que has vivido y escribe esto"

Mi misión es escribir mis experiencias pasadas; incluida una relación tóxica, y usar mi libro para mostrarte una posible salida al caos.

Te contaré sobre los momentos críticos y difíciles, te dejaré compartir mis emociones, sentimientos y cómo encontré una salida a estos momentos difíciles. Esta es una pequeña guía que puede ayudarte a lograr lo mismo, fortalecido y lleno de energía.

En este libro no utilizaré ninguna sentencia judicial ni mi nombre completo, sino que me limitaré al nombre Jörg. No soy persona jurídica, no he estudiado ni me dedico profesionalmente a este ámbito. Todo lo que está escrito y descrito aquí son informes reales míos y pueden servirte como posible guía de autoayuda.

La pregunta eventualmente surgirá en un momento crucial: quedarse o irse.

Mi consejero, Dios, puso esta comisión en mi corazón un domingo de 2017 mientras me dirigía a la iglesia. Estaba caminando cuesta arriba hacia la iglesia cuando Dios me habló con voz clara y tranquila; me pidió que me detuviera. Mientras todos los demás visitantes pasaban junto a mí, escuché las palabras de Dios. Debo mencionar que Dios me habla con bastante frecuencia. Por lo tanto, no me sorprendió que me hablara, ni oír su voz como si alguien estuviera parado a mi lado hablándome, es solo que no puedes verlo como una persona visible. Entonces, ahora continúa con el texto...

Me pidió que escribiera todas mis experiencias con Jörg en un libro para ayudar a otras personas que actualmente se encuentran en una situación similar, o que aún no han dado este paso. Dios me pidió que comenzara de inmediato y me recordó, una vez más, que soy como Jonás. Entonces absorbí las palabras de Dios y le aseguré que comenzaría esto lo antes posible.

Al momento siguiente me encontré con todos mis sentidos en el sendero cuesta arriba hacia el servicio y mis hijos me preguntaron por qué me había detenido y no respondía a sus llamados. No podía explicar lo que acaba de pasar aquí, tenía que asimilarlo y comprenderlo. Durante el servicio pensé: "Está bien, no hay problema, haré esto. Entonces simplemente escribiré este libro". Nada puede ser tan difícil como escribir lo que has experimentado para ayudar a los demás.

Empecé varias veces a lo largo de los años y nunca encontré el camino correcto. Lloré amargamente, sintiendo cada momento, cada dolor, cada brutalidad, cada palabra brutal, cada insulto, cada falta de respeto, cada denuncia en mi corazón. Incluso me atrevía a ver su rostro frente a mí, duro como una roca, sin expresión alguna, brutal, dispuesto a dar el siguiente paso fatal para poder conseguir su objetivo. Todavía puedo oler el dulce aroma del porro que siempre me hizo sentir incómoda y asustada. Lo que estaba escrito fue destruido muchas veces por la ira hacia Jörg y porque me hizo todo esto durante tantos años. El manuscrito voló contra la pared innumerables veces, esperando que Dios dijera: "Está bien, no tienes que hacerlo. Veo tu dolor". Interiormente quería huir de ello y encontrar tantas excusas posibles ante Dios para no tener que completar esta tarea. El examen fue simplemente demasiado difícil para mí.

Una tarea que una vez más me exigiría todo. A mí nunca se me hubiera ocurrido escribir esto y, posiblemente, poder ayudar a otras personas afectadas por ello. Aunque se oiga a menudo algo así en las noticias; o se lea en los periódicos, otro hombre fue capaz de cometer tales actos, llegando incluso hasta el punto de que una familia fue aniquilada o las mujeres optaron por suicidarse.

No adoré a Dios para obtener indulto. Le grité desde mis sentimientos más profundos que no podía hacer esto, que estaba herida y que no estaba a la altura. Debería quitarme esta carga de encima inmediatamente. Pero, como suele ocurrir, no obtuve respuesta.

Tiempo después, y una mudanza más, se instaló en mi comunidad una especie de taller con lavado de pies y manos, un área de descanso, un texto bíblico expuesto sobre la traición y crucifixión de Jesús, un área para conmemorar a los difuntos y un muro de las lamentaciones. Al final del taller se tenía la oportunidad de hablar con el pastor y orar juntos. Entonces yo también fui allí, presa de la curiosidad y recogiendo nuevas impresiones de Dios.

Me fascinaron las estaciones. Mi pastor sabía que yo era receptiva a los mensajes y dijo que "solo" necesitaba 20 minutos para terminar todas las estaciones. Así que pasé por las estaciones individuales y me quedé. Me paré frente al Muro de las Lamentaciones y pensé: "Este es el mejor momento para expresar mi deseo de no tener que escribir la tarea". Escribí esto en un pequeño trozo de papel, lo doblé varias veces y lo pegué entre los bloques de piedra del muro apilado que se erigió simbólicamente como un muro de las lamentaciones. Seguí adelante y llegué a la acusación, que estaba colocada en una gran cruz de madera y la dejé. Ni siquiera noté las lágrimas que caían hasta que una mujer cristiana me entregó un pañuelo. Realmente sentí su dolor en mi cuerpo y en mi corazón. Me destrozó por dentro en ese momento. Pasé más de dos horas en todas las estaciones en la primera ronda. En ese momento no me di cuenta, me lo contaron más tarde.

Dios me instó a hacer otra pasada por el taller y Dios me habló; me daría tiempo para prepararme para esta tarea. Me mostró un viejo reloj de arena y me dijo que cuando terminara tenía que empezar. Entonces no hay más excusas.

"¿A qué velocidad se mueve la arena? ¿Cuánto tiempo tengo? ¿Mejorará entonces?". No obtuve respuesta nuevamente. En cambio, sentí la necesidad interna de presentar una demanda. Lo solté y me desplomé. El pastor me llevó a la habitación de al lado y le conté todo sobre Jörg, sobre la tarea de camino al servicio religioso y lo que acababa de suceder. Mi pastor lloró conmigo y se ofreció a ayudarme.

Obtuve el pistoletazo de salida final para el libro cuando Dios me llevó a un viaje a Michigan, EE. UU., a finales de noviembre de 2023. Cuando mi amigo por correspondencia me visitó, me preguntó cuál era mi tarea y a qué distancia estaba el reloj de arena. Las lágrimas brotaron de mis ojos. Nadie debería hablarme de eso. Nadie. El dolor se disparó de cero a 100 en cuestión de segundos, el pánico y la inquietud se extendieron dentro de mí. Le dije que el reloj de arena había expirado hacía algún tiempo, que Dios me lo había dicho y que tenía que empezar de inmediato. Sin embargo, no pude. Tenía miedo del dolor, miedo de las emociones, miedo de que eso me cambiara, miedo de que mis amigos me vieran diferente después. Finalmente, Robert dijo: "Si tienes una misión, tienes que cumplirla. Es Dios quien exige esto de vosotros. Tienes que hacerlo y debes comenzar hoy".

Tenía razón y cuando regresé a Alemania comencé. Ni siquiera puedo explicar la fuerza interior que me impulsó a dar este paso. Sentí como si estuviera siendo controlada remotamente. Poco a poco, con pequeños pasos, capítulo a capítulo, de pañuelo en pañuelo. Cuando se volvió insoportable, el dolor subió dentro de mí y no podía ver el teclado frente a mí debido a mis lágrimas, tomé un descanso y me distraje de otras maneras. Recé por fuerza, sabiduría y guía. Solté las peores malas palabras, como que tenía diarrea del habla o síndrome de Tourette, pero ya no gritaba con tanta frecuencia. Dios, literalmente, me tomó de la mano con cada capítulo.

Mi misión está claramente definida, sé qué debo hacer con ella después, a dónde me llevará y qué conseguiré. Dios tiene una tarea, un talento, un don para todos. Tu vida está escrita en su libro, con todos los altibajos, con todas las travesuras y errores, con todas las grandes cosas. Acontecimientos y momentos. No importa lo que te pase cada día, Dios lo supo mucho antes, mucho antes de cuando lo empezaste. Pero si habéis recibido un mensaje de Dios en vuestro corazón, debéis cumplir esta tarea. Ten por seguro que Dios tiene un gran plan para ti y no cederá. Me persiguió durante este largo período de tiempo; Dios me mostró repetidamente la "memoria" y el reloj de arena.

Soy una cristiana nacida de nuevo, lo cual, en algunos momentos mi Biblia, la Palabra de Dios y una oración me ayudaron a superar este tiempo. Por lo tanto, no es necesario ser cristiano para comprar este libro o para comprenderme cuando incluyo a Dios aquí y allá. No tenéis que confesaros ahora a Dios para seguir mis pasos y alcanzar vuestra propia victoria. Simplemente acepté que esta es una parte importante de mi vida y le agregaré algo en algunos lugares.

Encontré mi salida. Esto fue largo, difícil, nunca recto, con muchos obstáculos, desafíos, nuevos conocimientos, aprendizaje de cómo funcionan los tribunales familiares y emociones que requirieron muchos paquetes de pañuelos y algunas almohadas que tuvieron que usarse como sacos de boxeo.

Conozco, tanto hombres como mujeres, que han vivido este tipo de procesos, están atravesándolos o conocen a alguien que conoce a alguien que conoce a alguien. No siempre sigue el mismo patrón: ¿debí tirar del cordón mucho antes para salir de esta relación? Absolutamente, pero como tantas veces en la vida, te falta ese poco de coraje para tomar el camino decisivo.

Nunca olvides: "El viaje es el destino y solo puede ser bueno. Será una buena pelea para ti y tu alma". Si estás listo ahora, comencemos.

"Los que confían en el Señor ganar nuevas fuerzas,
les dan alas como las águilas. Ellos corren sin fatigarse
y caminan sin cansarse" (Isaías 40, 31).

Expresiones de gratitud, acción de gracias

Te agradezco, padre mío, por tu misión. Para luchar, para tomar desvíos, para buscar una vía de escape para no tener que empezar tu misión.

Gracias por tantas palabras duras y honestas que me dijiste y no quería ver por qué era tan importante.

Gracias por el reloj de arena que me diste y tus palabras sobre comenzar, finalmente, cuando se acabe.

Gracias por la fe que me das, el poder y la fuerza para hacerlo realidad.

Gracias por la lágrima que se me permitió derramar para sanar. Hubo muchas, muchas lágrimas.

Gracias por mostrarme el reloj de arena caducado, siempre me recuerdas tus palabras del 7 de abril de 2016: "Eres como Jonás". Ahora entiendo lo que quieres decir.

Gracias por los numerosos intentos de comenzar esta misión, por siempre encontrar la fuerza para continuar en tu palabra y permanecer en tu misión.

Gracias por poder expresar todo el odio con palabras y borrarlo para darme cuenta de que esa no es tu voluntad.

Gracias a mis increíbles hijos que soportaron cada ataque de malas palabras y maldiciones del Tourette, porque tenía miedo de comenzar y terminar esta tarea.

Gracias a todos los antiguos amigos o contemporáneos que no creyeron que yo pudiera hacer esto.

Gracias a todos los amigos que me fortalecieron, oraron conmigo y supieron que lo lograría.

Gracias a la fábrica de pañuelos, sin vosotros el libro se habría convertido en una esponja de gran tamaño.

Gracias a todos los que leen este libro y pueden salir fortalecidos.

Gracias a quienes regalaron este libro, le han dado una mano a alguien.

Gracias a quienes tiraron mi libro contra la pared. Déjame decirte que sentí lo mismo. Lo importante es recuperarlo y seguir leyendo.

Gracias especiales a:

Robert E. Hine, nuestro Padre celestial te protege y cuida, te muestra siempre el camino que tiene planeado para ti. Dios me guio hacia ti y estuve segura, desde el primer momento, que valías la pena y eras valioso para mí. Tus conocimientos, aprendizajes y experiencias han sido valiosos para mí, para poder dar yo misma los siguientes pasos.

He tratado de transmitirles esto innumerables veces, en numerosas cartas, con mis palabras. Lloré cuando me preguntaste sobre la tarea y el reloj de arena. Al final me diste la fuerza para empezar y terminarlo.

Me apoyaste un poco, me ayudaste a superar mis períodos de lágrimas y euforia, y me ayudaste a superar otro capítulo.

Testimonial
Transcripción

Un jueves de abril, más precisamente es el 7 de abril, en 2016, alrededor de las 10 de la mañana en Berlín, después de muchos días, semanas, meses de numerosas fases depresivas y estados de agotamiento, logré empezar el día con una taza de café caliente. De hecho, había logrado evitar acurrucarme en el sofá y esperar a que terminara el día.

Mis hijos iban camino a la escuela y al trabajo. Me quedé con mi depresión, protegida en mi departamento y con la intención de empezar el día diferente. Así que yo era la invitada estrella en mi propia fiesta de autocompasión, sentada en el sofá con mi taza llena de café caliente y cambiando los canales de televisión con el control remoto. Me quedé atrapada en un canal de televisión que, hasta ese momento, me parecía completamente desconocido. Ni siquiera sabía que se había guardado en mi proceso de selección de canales almacenados.

Hubo un breve sermón de un maestro bíblico estadounidense en el canal *Bible TV*. Ella me dijo eso no "pasó" por casualidad y que todo en la vida tiene un significado. Ella contó su historia, su padre abusó sexualmente de ella durante muchos años cuando era niña. Su madre, al saberlo, no pudo ayudar a la niña.

Escuché esas palabras, las asimilé y entendí muy bien lo que ella decía, cómo se sentía. De pie en el escenario, frente a miles de personas en la sala y, probablemente, miles o millones de personas en la televisión en casa escuchando su historia. ¡Qué testimonio! Poderoso. Qué poder vino de ella. La piel de gallina subió por mis brazos y bajó por mi espalda.

Tomé unos sorbos de café y miré por la ventana hacia la calle principal que corría paralela a mi departamento. Observé el ajetreo y el bullicio, los conductores frenéticos y la gente que parecía pasar corriendo por mi ventanilla.

Me senté de nuevo en mi sofá y, de repente, sin motivo alguno, las lágrimas comenzaron a correr por mis mejillas. Estallé en lágrimas, no podía parar, no entendía por qué ni qué me estaba pasando. Las lágrimas corrían por mis mejillas, goteando sobre mi camisa y simplemente no podía parar. Empecé a sollozar y en eso, en ese preciso momento escuché una voz fuerte, cálida, muy fuerte, que me decía: "Todo estará bien. Serás ayudada".

¿Quién me estaba hablando amablemente aquí? Estaba sola en el departamento y en la sala. Intenté darme la vuelta, giré ligeramente a izquierda y derecha. Nadie allí. Intenté mirar por encima del hombro y vi una luz brillante. Era tan brillante que tuve que entrecerrar los ojos. En el mismo momento vi alas ardientes a mi alrededor, rodeando fuertemente la parte superior de mi cuerpo desde atrás. Eran alas enormes, todas las plumas en lo que parecían ser llamas danzantes, pero no emanaba calor de ellas. No tenía miedo, de hecho, estaba totalmente feliz, e inmediatamente me sentí protegida y segura al mismo tiempo.

Escuché nuevamente esta voz que me repetía las palabras: "Todo estará bien, te ayudarán". Dejé de llorar, no más lágrimas, no más sollozos. La voz literalmente habló a mi corazón y nos hablamos sin palabras. Le pregunté qué pasaría ahora y qué debería hacer. Me dijeron que saliera y comprara una Biblia. No tenía una Biblia en casa y, por lo que sabía, probablemente había más de una Biblia. Entonces, ¿cómo lo supe? ¿Qué Biblia debería comprar? Pero me dio tranquilidad y supe que recibiría su apoyo en la selección y decisión.

En seguida me puse mi "ropa de calle" y tomé el autobús hasta el centro comercial donde había una gran librería. Amablemente pregunté acerca de las biblias y la vendedora me llevó a un estante con numerosas biblias. Biblias en diferentes tamaños, diferentes portadas de libros, biblias delgadas y gruesas, biblias para niños, biblias de bolsillo y biblias de estudio. Para mí una absoluta jungla de biblias. ¿Cómo puedo encontrar la Biblia adecuada aquí? Saqué una o dos biblias del estante, las hojeé y tuve la sensación de que esta no era la Biblia que debía llevarme. Así que la siguiente fue retirada del estante, eran biblias en otros idiomas y escritos que me eran ajenos. Entonces me paré frente a este estante, comencé a mirar las biblias y no sabía qué hacer. En mi mente me pregunté qué Biblia debería usar ahora. La vendedora vino a verme. Probablemente vio mi impotencia y me preguntó si podía ayudarme. Pensé que no tenía nada que perder. En el peor de los casos, me declararía mentalmente incompetente.

"¿Qué Biblia debería comprar?", le pregunté, y para mi tranquilidad supe que recibiría su apoyo en la selección y decisión. Pagué y me fui a casa. Me sentí bien, realizada en mi corazón, feliz de principio a fin.

Dios me habló todo el día, en mi corazón, solo yo podía escuchar la voz absolutamente asombrosa, cálida y amorosa, su cercanía se notaba inequívocamente. Quería abrazar a todos de camino a casa y contarles a todos de mi experiencia. ¿La gente me entendería siquiera? Porque yo misma no lo entendía. No importa, sé que era esencial, mi corazón estaba lleno y había llegado.

Dos días después regresé feliz, por dentro mi corazón saltaba de alegría, tomé mi Biblia y al sostenerla en mi mano sentí el gran calor que emanaba de ella. Esta Biblia, que Dios eligió, todavía la uso hoy, todos los días, para mi tiempo devocional con Dios y me ha acompañado a muchos lugares.

Ahora he comprado muchas biblias diferentes, que significan mucho para mí, pero ninguna se acerca a *la Biblia* que Dios eligió.

Padre mío, Dios celestial, he llegado y soy vuestra hija. Me salvaste y me mostraste tu puerta y tu camino. Nunca debería ser diferente. Tu camino es el amor, de principio a fin. Ese día me llevaste a sanar de mi severa depresión y pude salir de la fiesta de la autocompasión. Eres todo lo que ningún diccionario del mundo podría describir. Tú eres amor.

Te doy gracias, padre mío, porque soy una hija amada de Dios. En el nombre de Jesús. Amén.

PARTE 1

Una cita en un restaurante de comida rápida

Probablemente has acompañado a tu novia a comprarse ropa nueva. Como guía o como "muñeca de moda", para divertirte sin presión de tiempo, para probar diferentes diseños, estampados, colores, para reír a carcajadas. Cosas que nunca comprarías, tal vez cometiendo uno o dos pecados de moda, pareciendo una salchicha prensada con ropa demasiado ajustada o probando, con valentía, algo nuevo en el mundo de la moda.

Pero ¿alguna vez has acompañado a tu novia a una cita porque ella no tuvo el valor de hacerlo sola y se sentía mejor contigo?

Acompañar a alguien en una cita, incluso si me quedo en un segundo plano porque la novia tiene miedo de decepcionarse, nunca ha estado en mi lista de cosas por hacer y, definitivamente, no volverá a estar allí. Mi amiga me pidió este favor después de que encontramos y armamos un gran conjunto para Tina. Queríamos tomar una copa y comer algo.

En la fecha en cuestión, Tina eligió un *snack bar* donde poder sentarse si fuera necesario. La tienda estaba en una zona de la ciudad, justo al lado de la estación de metro, en una calle comercial o zona comercial, al lado de una tienda donde los fines de semana había discoteca. Este *snack bar* era bastante pequeño, no podía albergar a más de 10 clientes. Podías elegir tu pedido en la calle, esperar un momento y luego recogerlo enseguida o, como mi amiga Tina, elegir quedar dentro de la tienda.

Honestamente, ¿no es este un lugar extraño para una cita? ¿Cómo funciona esto en un *snack bar*? Mientras le das un mordisco a la *currywurst* y tomas un sorbo de la botella de cerveza con la boca llena, ¿le muestras a la otra persona tu mejor lado? ¿Es fácil conocer los hábitos de comida y bebida de la persona que te gusta? Cabeza de cine… "Mamá, ¿dónde conociste a papá?". Qué feliz estaba simplemente de haber sido la acompañante en esta fecha.

Tina tomó asiento justo en la entrada mientras yo buscaba un asiento contra la pared en la última mesa del pequeño *snack bar*. Detrás de mí solo estaban los baños y la salida de emergencia. Es bueno saber cuándo ya no es posible escapar hacia adelante.

Mi amiga tampoco tuvo que esperar mucho hasta Jörg. Acababan de abrir la botella de cerveza y acababan de pedir las patatas fritas. Jörg entró en el bar, pasó junto a mi amiga Tina sin mirar a derecha ni a izquierda, directamente hacia mí y porque creía haberme visto antes en alguna parte.

Sostengo que una gran ciudad es también solo un pueblo. Mi amiga quedó totalmente sorprendida y me hizo una señal con la mano para que entendiera que esa era su cita. Reaccioné de inmediato, salté de mi asiento y me dirigí hacia mi amiga para que él también pudiera sentarse a la mesa. Solo entonces reconoció a su cita, lo que le hizo sentirse visiblemente avergonzado por haber pasado junto a ella.

Sí, comimos juntos y bebimos una cerveza o dos. Nos olvidamos del mundo exterior. Tina tenía muchas ganas de que me quedara y, como tercera rueda del coche, intentó sacar lo mejor de la situación.

A medida que avanzaba la tarde, rápidamente le hizo saber a Tina que no estaba interesado en ella. No puedo decir si fue la comida que pedimos o la ropa nueva que compramos lo que marcó la diferencia. Quizás la chispa no saltó. Ella salió del restaurante y me dejó con él. Hablamos un rato, la situación ya era bastante desagradable, luego nos separamos y me fui a casa.

De camino a casa llamé a Tina por teléfono, le pregunté cómo estaba y le dije que nos separamos rápidamente después de una cerveza. Ella estaba bien y no lamentó el rechazo. Acordamos reunirnos para una reunión social entre mujeres en los próximos días.

Poco después, Jörg se puso en contacto conmigo en una comunidad donde Tina y yo estábamos registradas. Me dijo lo emocionado que estaba por la reunión y que yo hubiera acompañado a Tina. Escribimos muchos mensajes ese día y hablamos por teléfono hasta que se agotó la batería. No fue amor a primera vista, sino a tercera o cuarta vista.

Me enamoré de las buenas conversaciones, la elección inteligente de las palabras, el buen comportamiento inicial y los modales ligeramente rebeldes. Las conversaciones se hicieron más frecuentes e intensas antes de encontrarnos, por primera vez, en terreno neutral con un amigo de nuestro círculo de amigos para desayunar. Un acercamiento lento y un conocimiento de intereses, puntos de vista, inclinaciones, preferencias y prohibiciones. Poco a poco aumentamos el número de reuniones y creció el interés mutuo.

Todavía había contacto con mi amiga, ella tenía una o dos relaciones casuales y parecía feliz. En algún momento recibí un mensaje en el que me agradecía por haberle perdonado la vida a Jörg. Mirando hacia atrás, no sé si debería alegrarme o llorar.

Tina ha experimentado muchas situaciones, pero nunca pudo o quiso ayudarme en un momento en que la ayuda hubiera sido apropiada. Nuestra amistad se fue desvaneciendo con el tiempo y hoy ya no estamos en contacto. No sé cuánto le dije, ni qué tan peligroso se volvió para mí después.

Considérate afortunada, amada Tina, de no haber tenido que pasar por todo eso.

> Lo escuchaste. ¡Ahora mira todo! ¿No se lo dirás a los demás? De ahora en adelante les dejaré escuchar algo nuevo, algo escondido que no sabes, acaba de ocurrir no hace mucho. No sabías nada al respecto antes para que no digas: «Lo sé desde hace mucho tiempo» (Isaías 48, 6-7, NVI).

"No dejaré que me dicte lo que la gente piensa de mí. Solo el Señor es mi juez" (1 Corintios 4, 3-4, NBV).

PARTE 2

Gafas rosas y rojas

Numerosos momentos en los que habría necesitado a Tina… Hubo algunos contra favores. Te explicaré un resumen aproximado de los acontecimientos y de cómo las gafas color rosa pueden engañarte.

#1

A Jörg y a mí nos invitaron a una fiesta de rock en algún lugar de Berlín donde yo nunca había estado. Fiel al lema: "Exponme y no encontraré el camino a casa".

Llegamos al siniestro lugar al anochecer, con otras personas de su círculo de amigos compartiendo auto. Desde fuera parecía discreto, como un almacén con una ampliación, sin ventanas, apartado de la carretera principal, un camino de tierra que ni siquiera tenía una senda adecuada. Había que llamar con antelación para que alguien te dejara entrar por la puerta y solo entonces se veía una casa club con una terraza detrás. La gente hacía parrilladas, jugaba al billar y hablaba con música rock a todo volumen, o música que recordaba más a gritos y chillidos. Las habitaciones eran muy grandes, oscuras y se comunicaban unas con otras. Numerosos hombres altos, fuertes, de mediana edad, que probablemente pasaban su vida cotidiana bajo las pesas del gimnasio, embutidos en sus prendas de cuero, con una capucha con insignias y símbolos en la parte superior que indicaban el club de rock.

Rápidamente se colocó un polvo en una línea sobre la mesa y las cosas se pusieron agitadas, ya que todos querían ser los primeros en tomar un poco. Los conocedores saben lo que significa. Como "rubia" podría haber adivinado cualquier cosa. Pero aquí nadie quería hornear un pastel. Entonces, ¿por qué utilizar bicarbonato de sodio?

Admito que soy un ignorante sobre este tema porque nunca antes había hecho algo como esto y no planeo intentarlo. Todavía recuerdo el dulce olor que llenaba la habitación, haciéndome sentir náuseas y dolor de cabeza. Aquí la velada se centró en diversas intoxicaciones.

Fue muy desagradable para mí, no podía salir sola de la situación, en cada rincón de una habitación se consumía algo entre música alta y alcohol, y a él realmente no le importaba lo que me estaba pasando en ese momento esa noche. Se divirtió toda la noche. Bajó en rápel a una habitación separada con sus amigos y me dejó sola entre todos los rockeros que no conocía. No fue posible llamar a un taxi porque la recepción allí dejaba más que desear para un móvil. No traje mi teléfono y los chicos que tenían uno estaban ocupados "cantando y aplaudiendo" o "¿qué tan rápido puedo escapar?". No tuve más remedio que buscar un lugar donde dormir.

Muchas horas después, cuando ya estaba algo lúcido y receptivo nuevamente, finalmente pudimos regresar a casa. Nunca volví a ir allí ni me puse en situaciones así en las que no estaba claro cómo llegaría a casa en momentos cruciales o situaciones incómodas.

#2

O un momento en el que tuvimos una discusión sobre finanzas. Yo iba a trabajar todos los días y Jörg era jornalero. Era casi fin de mes y quería salir de fiesta con otros amigos, en algún lugar apartado y solo para él. Como yo no estaba financieramente entusiasmada con gastos que fácilmente podrían posponerse durante una semana, él salió de casa de todos modos y regresó en medio de la noche, completamente borracho y bajo los efectos de las drogas, con comida de una pizzería. No recuerdo qué me hizo enojar más, si el hecho de que estaba bajo la influencia de drogas y alcohol, o que pensaba que todo estaría bien ahora porque estaba comiendo lo había traído consigo. Le grité desde el balcón hacia la calle donde estaba comiendo que podía dormir la borrachera en su departamento y hablaríamos de eso al día siguiente.

Esto le enojó tanto que arrojó la pizza contra la pared de la casa y la ensalada a la calle. Despertó al barrio con sus gritos y malas palabras. Gritó en voz alta que debería abrir la puerta ahora. Luego un vecino lo dejó entrar a la casa, probablemente porque estaba cansado de los gritos. Me culpó por no poder disfrutar más de la comida, después de todo él estaba pensando en nosotros y nos trajo algo de comer. No le importó que nos quedáramos sin dinero los días restantes porque lo había gastado todo en su fiesta.

#3

Otro ejemplo fue una velada de vídeo con dos de sus amigos en mi apartamento, donde el alcohol y las drogas entraron en juego con bastante rapidez. No estuve de acuerdo con esto y pedí que no se hiciera. Sobre todo, porque mi hijo, que entonces era pequeño, dormía en la habitación de al lado. Él y sus amigos no dejaron que esto los detuviera; la atmósfera era tensa y explosiva. Me pusieron verbalmente en mi lugar. Una palabra dio paso a otra y, de repente, me convertí en ladrona, acusada de robar un reloj de pulsera de hombre perteneciente a su difunto padre. Me mostró dónde estaba este reloj de pulsera, que nunca antes había visto.

Jörg se asustó y la situación se salió de control. Tiró muebles por el apartamento, pateó la puerta de mi sala, abrió todos los cajones y peleó con sus amigos, que intentaron calmarlo. Me insultó con palabras que ni siquiera les diría a mis peores enemigos. Intenté calmarlo, pero fue en vano. Estaba muy enojado y cuando me hizo preguntas sobre este reloj, me sentí aún más insultada porque no sabía cómo era. Finalmente comencé a confrontarlo. En algún momento pude empujarlo hacia la puerta de mi departamento. Me empujó con tanta fuerza que me quedé completamente sorprendida y no pude resistirme, y mucho menos reaccionar de otra manera. Así registré mis primeras experiencias de violencia esa noche. Lo empujé hacia atrás, con toda la fuerza, con ambas manos e intenté defenderme para salir de la situación. En ese momento recordé mi curso de *wendo*, que había completado con éxito años antes. De alguna manera logré hacerlo pasar por la puerta de mi casa y cerrarla. Un momento después hubo un estrépito y la parte inferior de mi puerta se hizo añicos y su pie era visible. Poco después rompió la hoja de la puerta a la altura de los hombros. Los amigos del apartamento de enfrente se enteraron escucharon esto, acudieron en mi ayuda e intervinieron en la situación.

Un apartamento completamente devastado y una puerta derribada fueron el resultado de una velada de vídeos con la acusación de que había robado un reloj de pulsera. No llamé a la policía porque estaba demasiado en shock. Me sentí como un invitado en mi departamento, donde estaba presenciando los hechos. Por suerte, a pesar del volumen, mi hijo no notó nada. Esa noche terminé la relación. El primer atisbo de violencia, sin embargo, no fue lo suficientemente malo como para tener el coraje de dar el paso liberador.

Realmente tuve todos los ángeles guardianes esa noche. Mi hijo en la habitación de al lado, que dormía profundamente y, por suerte, no notó nada de esta porquería, y yo, que estaba helada y temblando de pies a cabeza.

En ese momento yo todavía no era hija de un rey, hija de Dios, y aún no me había confesado ante Dios. Todavía no había elegido a Dios como mi centro.

Mirando hacia atrás, ciertamente perdí e ignoré todos los indicios divinos y no escuché mis instintos. ¿Se disculpó al día siguiente por lo que hizo? No. Lo hice enojar. ¿Qué pasó con el reloj? Lo encontró al día siguiente en uno de sus cajones. Aparentemente lo había puesto ahí. ¿Qué pasó con el mobiliario del apartamento? Los desechos voluminosos o la leña, ya no valían nada después de la noche. ¿Qué tan rosados y rojos pueden ser los lentes del enamoramiento para no reconocer y entender la indirecta? Tengo varios ejemplos similares en los que quedé deslumbrada por su persona.

¿Has vivido situaciones similares a esta? ¿Cuánto tiempo fuiste dueño de un montón de lentes color rosa que te robaban la realidad?

Mi Padre Celestial, te doy gracias por velar por mí y protegerme en cada uno de estos y otros momentos. Te agradezco que mi hijo estuvo bajo tu protección en todo momento. Me diste la fortaleza para mostrar coraje en el momento crucial y superar todos los obstáculos para seguir adelante. Empezaste a moldearme y a cambiarme para que tuviera fuerzas suficientes para el día decisivo. Gracias, mi padre. En el nombre de Jesús. Amén.

"Pero puedo crecer y florecer como un olivo que crece en la protección del templo. Sé que estoy a salvo para siempre, porque Dios es misericordioso conmigo" (Salmo 52, 10).

"En algún momento ya no estás decepcionado de lo que hacen otras personas o no hagan. Estás mucho más decepcionado por tu propia estupidez, esperando algo diferente". Autor desconocido.

PARTE 3

Inhibición de la violencia

Además de la violencia física, siempre hay violencia psicológica. ¿Te afectó o no te afectó? Entonces esto te resultará familiar. No te preocupes, salí de aquí sana y salva.

Podrías pensar que está totalmente claro lo que va a suceder, pero normalmente nadie se da cuenta. Tampoco hay evidencia de esto y puedes expresarlo de diferentes maneras. En el caso de la violencia psicológica, las cicatrices en un alma herida solo se manifiestan mucho más tarde.

Ejemplos típicos de violencia psicológica incluyen insultos con expresiones que nunca esperarías de tu pareja. Es más probable que los encuentres en tu novio/pareja/marido borracho en el *pub* o en la calle entre pandillas callejeras. La vergüenza, una de sus mayores pasiones, cuando les cuenta a sus amigos cosas vergonzosas sobre ti como una historia diaria y luego te preguntas por qué tus amigos, de repente, te sonríen o por qué te ponen un apodo que no te gusta.

Las amenazas, el chantaje y el acoso son, probablemente, los más comunes y un verdadero desafío para mí. No solo recibió el apoyo de su hermano, sino también de sus mejores amigos. Lo mantenían informado con instantáneas en el móvil o llamadas. Pude ver muchas cosas. Realmente nada me deja sin palabras tan rápido, excepto esto.

A veces sentí que si era "bueno", me permitía salir de mi "jaula" de humillación. Si era "rebelde o, incluso, "desafiante", entonces era como estar en el ojo de un tornado. Nunca se sabe cuándo continuarán las cosas. Pero tienes más tiempo para respirar. Ya no entiendes el mundo. Todo lo que haces, cómo lo haces está mal y él te lo hace sentir. Ignorarlo es lo más inofensivo, aunque a mí me resulta muy duro.

El principio que desearías para él en este momento:

> "Alma tras alma, ojo a ojo, diente por diente, mano por mano, pie por pie, fuego tras fuego, herida tras herida, golpe tras golpe" (Éxodo 21, 23-25, NVI).

> „Puedes olvidar todo vuelve en algún momento, deseado o no. Deja tu ira, calma tus rencores; no te enojes, solo conduce a eso. ¡Demonio! Porque los que hacen el mal serán exterminados; más los que esperan en el Señor, heredarán la tierra". (Salmos 37, 8).

Internet me muestra "violencia sin golpes", y ciertamente hay otras cosas por encontrar. Los efectos son graves y me sorprendió lo mucho que se rieron de esto en los tribunales de familia, los tutores legales y la oficina de bienestar juvenil. Soy de origen alemán, y aunque algunas personas piensen que somos tan correctos y rectos en muchas cosas, aquí eso está lejos de la verdad. No sé con qué principio trabajan los tribunales de familia, pero rápidamente da la sensación de que, cuando se trata de violencia psicológica, los tribunales están del lado de los hombres.

Una experiencia crucial con violencia física fue al final del embarazo de mi hijo en 2008. Todavía lo recuerdo como si fuera ayer. Regresábamos a casa de compras cargados con pesadas bolsas de comestibles. En las últimas semanas, antes del parto, el movimiento puede verse restringido y el bienestar general puede resultar complicado. Te sientes como una manatí embarazada intentando arrastrarse hasta el banco de arena seco. ¡Oh, sálvame con estas palabras!

Prefería sentarme y desempacar las bolsas más tarde o en otro momento. Desafortunadamente, los productos congelados no pueden esperar y, en última instancia, tendré que hacer mi propio trabajo. Entonces me empujó fuera de la sala hacia la cocina y me insultó.

¿Conoce el término "esta es mi zona segura"? ¿Cuándo alguien se acerca tanto a ti que te resulta incómodo? Lo sé por el curso de *wendo*, autodefensa para mujeres. Muy recomendable, realmente puedes usarlo, muy valioso para ti y tu ego.

Volviendo al tema, estoy hablando de situaciones peligrosas. Esta era la situación en la que me encontraba en este momento. Podría haber contado los pelos de su nariz, sus fosas nasales se dilataron y resopló de ira. Su respiración era muy rápida y olía a humo de cigarrillo frío y su aliento a cerveza. Se paró frente a mí con los hombros anchos y, obviamente, estaba listo para cualquier cosa. Tenía que moverse, levantarse del sofá. ¡Oh, no! Era mi sofá, el que estaba en mi apartamento.

Hubo una explosión verbal en el pasillo, me decía que tengo deberes que cumplir, nunca podré estar satisfecha y aunque esté embarazada, igual podría hacerlo sola. Él estaba tan enojado, trato de controlar la situación y me empujó fuerte hacia atrás con sus manos contra mi estómago, perdí el equilibrio y mi espalda golpeó con toda su fuerza el marco de la puerta del cuarto de los niños. En el mismo momento grité. Se dio cuenta de que me había causado dolor y en ese momento le grité que iba a llamar a la policía.

Como delincuente convicto en libertad condicional, me enteré más tarde por la policía que solo tenía una opción. Agarró su chaqueta y mis llaves, salió corriendo por la puerta y se escapó. Poco después vino la policía y me preguntó cómo estaba. Rechacé a un paramédico. Estaba muy asustada, tenía la espalda enrojecida anticipando un gran hematoma y estaba un poco irritada por la situación, afortunadamente no perdí nada.

Inmediatamente la policía se fue en su coche patrulla y lo buscó en la zona, sin éxito. La policía me aconsejó que tuviera cuidado y me pidió que cambiara las cerraduras esa misma noche si era posible. Yo estaba feliz de hacerlo. Mi vecino me proporcionó las cerraduras nuevas y las reemplazaron el mismo día.

Esa misma noche recibí varias llamadas de su hermano y escuché acusaciones y reproches. Me dejaron claro que debía retirar inmediatamente una denuncia policial por violencia doméstica. ¿Qué familia tan jodida, no? El estatus de una mujer, una mujer embarazada, está en lo más bajo. Aún tienes suerte de poder respirar de forma independiente y libre.

Las denuncias de violencia doméstica se realizan automáticamente a la policía. Su hermano y sus amigos me intimidaron tanto que unos días después tuve que retirar el informe policial con declaraciones engañosas de que no se seguiría con esto. El oficial estaba suficientemente bien entrenado y se dio cuenta inmediatamente que podía volver en cualquier momento para colocar esa denuncia nuevamente. Su hermano me pidió que le presentara pruebas de que la denuncia ante la policía se había retirado con éxito, de lo contrario no descansaría. Sé lo que estás pensando... Podría haberme abofeteado. ¿Qué tan confundida y desconectada de la realidad puedes estar? Hoy tampoco entiendo esta situación. Debería haber seguido adelante y así me habría ahorrado muchas cosas.

Dejar la denuncia allí podría haber sido un poco estresante con todo el proceso, pero entonces habría tenido tranquilidad. Pero inconscientemente elegí, en ese momento, un camino diferente, uno que no era más fácil. Esta acción no causó más daños que moretones. Mi hijo nació sano poco después.

¿He aprendido de esto ahora? No. Pero no quedaba mucho de lo que necesitabas para una relación. Dependía de él, tenía miedo de estar todos ahí parados y siempre me preguntaba: "¿Puedes hacerlo sola?". Todavía no merecía que me trataran así.

Padre mío, te agradezco por protegerme siempre. Te agradezco por proteger a mis hijos, que nacieron en este mundo y te agradezco por mostrarme siempre una puerta para salir del mal y seguir protegiéndome. En el nombre de Jesús. Amén.

"En el día de mi problema te llamo, porque me escuchas". (Salmo 86, 7, NVI).

PARTE 4
Vacaciones con el ex

Ir de vacaciones puede ser una gran cosa. En mi caso, el camino me llevó al Mar Báltico, a una zona familiar, mi segunda casa, donde antes había vivido muchos años, me casé, tuve hijos y pasé muchos grandes y hermosos momentos.

Mi relación con Jörg en aquel momento llevaba varios meses "separada de la mesa y de la cama". Estaba muy segura de que dominaríamos el papel de padres como amigos, pero que en el futuro tomaríamos caminos separados. Por mi parte, podría decir que no me arrepentí de la decisión de separarme y, salvo algunas excepciones, pude afrontar la vida cotidiana sin problemas. Quería irme de vacaciones con mis hijos, pasar una semana en el Mar Báltico, en un apartamento de vacaciones, en una granja de vacaciones, casi cerca de donde había pasado mucho tiempo de mi vida y tenía muchas amistades.

Jörg quería venir conmigo de vacaciones, contribuir con la mitad de los gastos, aprovechar el tiempo con su hijo y, al mismo tiempo, aliviarme la carga. Me habló durante tanto tiempo, me probó con argumentos plausibles durante tanto tiempo para convencerme, hasta que finalmente cedí.

Estuvimos de acuerdo en que queríamos abordar esto de forma puramente amistosa. Estaba muy segura de que podríamos hacer esto sin dramas ni discusiones. Si bien él se lo pasó muy bien con los niños, yo pude hacer lo mío; visitar a mis amigos, leer un libro, pasear por la ciudad, sentir la playa del Mar Báltico entre los dedos de mis pies descalzos, inhalar la lujuria del Mar Báltico que huele ligeramente a algas y, de vez en cuando, sumergirme en sus aguas. Y en lugar de sentirse como una tostada en la cama de bronceado, simplemente tomé el sol abrasador. Para nosotros llegó el momento de desayunar juntos y luego volvernos a ver en la mesa. Esa es la teoría.

Elegimos una opción relajada para el viaje: tren y autobús. Los niños querían disfrutar cada día de lo más destacado, aprovechar las actividades propuestas con otros niños invitados durante las vacaciones, y ni siquiera el mal tiempo se los impidió.

El apartamento de vacaciones constaba de una sala de estar abierta y un dormitorio con dos camas, una cocina abierta contigua con comedor, separada solo por una puerta de la sala de estar, una habitación para niños con dos literas y una cama individual.

Habíamos elegido la opción de autoservicio y solo queríamos utilizar el servicio de panecillos y bebidas frías para todos, que siempre abundaban en una nevera situada en un antiguo pasillo entre la granja y el cobertizo. La práctica de las vacaciones es entonces, repentinamente, diferente. Los momentos de celos, cuando me llegaban mensajes al móvil o una o dos llamadas, el control y la vigilancia de dónde y qué hacía en la finca de vacaciones o cuando intentaba ir sola a la ciudad eran aquí solo el más mínimo problema.

Temprano en la mañana, cuando los niños apenas podían detenerse, ya estaban inquietos durante el desayuno y querían salir a jugar, Jörg todavía dormía profundamente. Mientras los niños se hacían cargo del día, yo me quedaba cerca para supervisar. A última hora de la tarde, Jörg se unió a los niños y yo pude encargarme de las compras y de la posterior alimentación de los depredadores, para los niños y Jörg.

Cada vez que planeaba ir sola a la ciudad o intentaba reunirme con amigos, Jörg buscaba una excusa para acompañarme con los niños. Realmente solo estaba sin Jörg cuando desayunaba con los niños por la mañana o cuando podía taparme la cabeza con la manta por la noche. Así que cada actividad que planificaba se convirtió en una actividad de "acompañemos a mamá".

Las vacaciones fueron en la dirección de: "Discutiremos esto hasta que alguien ceda". Constantemente quería hablar de un posible reinicio, "intentémoslo de nuevo" o "mira, los niños también lo quieren así". No era así como imaginaba que serían las vacaciones. Estas vacaciones se volvieron agotadoras cada día.

Si yo quería irme a dormir, él quería acostarse conmigo. Cuando se dio cuenta de que no estaba teniendo ningún éxito, hizo tal ruido que Jörg recibió la atención que necesitaba. Finalmente llegó el momento en que cambié mi cama del salón y el dormitorio abiertos por la cama individual de la habitación de los niños.

Jörg parecía estar bien, su porro diario con cerveza fría o lo que eligiera como sustancia embriagadora. De vez en cuando aparecía una insinuación o un comentario que me recordaba que las cosas podrían ser diferentes y no como una familia "jugada".

Todo lo que tendría que hacer es aceptar esta relación, Jörg entonces trabajaría en sí mismo, buscaría trabajo y mucho más. Haría numerosos cambios, lo principal es que lo acepte de nuevo. Cambios que él no se haría a sí mismo, pero por el bien de una relación tú haces muchas cosas que nunca harías de otra manera. No quería discusiones, ninguna delante de los niños, ninguna que me sorprendiera constantemente en todas partes.

Simplemente era demasiado bondadosa y no quería aceptar las cosas malas. Este fue el recibo y un cordial saludo desde el Mar Báltico. Luego me dijo que, después de todo, la situación era culpa mía. Por mi mal humor consumía alcohol y drogas. De buen humor, obediente, sometida a su voluntad, entregada a deberes no matrimoniales y dispuesta a hacer concesiones y dejar de lado sus propios deseos y necesidades, Jörg estaría totalmente satisfecho en esta relación.

Cada vez me llevó un abrir y cerrar de ojos, como máximo, rechazar esta oferta indescriptiblemente grandiosa. Finalmente, el último día recibí la factura de las cosas adicionales que había reservado. Una larga lista de bebidas alcohólicas y el servicio de panecillos. Como queríamos compartir los gastos y yo todavía tengo que recibir su parte del apartamento de vacaciones, le mostré la factura a Jörg.

Luego vino el siguiente shock para mí. Ahora recordé todos los pequeños momentos cuando estaba comprando en la caja Se le olvidó la cartera, no tenía el dinero necesario en la máquina expendedora de cigarrillos, tuvo que ir al cajero automático cuando salía a comer a un restaurante o no pudo cambiar las bebidas frías. No tenía dinero en absoluto.

Inmediatamente dio la devastadora respuesta. Pidió prestado el dinero para el viaje hasta allí y para el resto tuvo la brillante idea de que, si volvíamos como pareja, podría pagarlo todo yo misma y me devolvería el dinero más tarde.

Estaba tan increíblemente enojada que, por dentro, estaba hirviendo como un volcán a punto de hacer erupción. De mala gana pagué toda la factura, compré y pagué los billetes de regreso para nosotros. ¿Cómo pude ser tan ingenua? ¿Por qué confié en él y realmente creí que las vacaciones podrían ser amistosas y que cada uno pagaría sus propios gastos? ¿No lo conocía mejor por numerosas acciones anteriores a lo largo de los años?

De camino a casa, la comunicación se limitó solo a lo esencial. Me llené de ira por las cosas que sucedieron durante las vacaciones. Desgraciadamente Jörg no lo entendió. Para Jörg lo pasamos muy bien durante las vacaciones. El reembolso de su parte se retrasó repetidamente y el plazo para el reembolso se hizo cada vez más largo. Al final nunca recibí su parte y descarté la demanda de dinero como dinero para enseñar.

Mi conclusión: no te vayas de vacaciones con tu ex si la situación emocional no ha quedado del todo aclarada por ambas partes.

Acepten la libertad de cada uno, acepten el no y, por favor, empaquen no solo el bañador, sino también el dinero necesario para las vacaciones.

Los niños disfrutaron de unas vacaciones estupendas y llenas de acontecimientos. Conocí muchos amigos, recargué las pilas de mi alma y disfruté cada momento de ser libre.

Mi Padre celestial, gracias por este tiempo. Le agradezco que pude pagar todos los gastos imprevistos sin endeudarme. Gracias, padre mío, por brindarme todo lo que necesito para vivir. Gracias por la información que me diste. Muchas gracias por el tiempo de relax. En el nombre de Jesús. Amén.

> "Mejor es no hacer votos, que hacerlos y no cumplirlos". (Eclesiastés 5, 4, NBV).

PARTE 5

Hablemos de narcisismo (ejercicio seco)

Hablar de cosas que, lamentablemente, tengo que nombrar para que puedan entender mejor una cosa u otra aquí, no estaban realmente en mi lista de cosas imprescindibles. Ahora estoy celebrando totalmente este capítulo y espero llevarme una parte a este mundo.

Algunos profesores y médicos han estudiado ampliamente el tema del narcisismo durante muchas décadas. El fisiólogo más famoso es el neurofisiólogo austriaco Sigmund Freud. Ha escrito numerosos artículos y libros sobre este tema.

En el sector multimedia te encuentras con tantos ejemplos en muchas páginas web, en foros y en numerosos grupos de discusión que te mareas. Cada uno es realmente bueno a su manera y da muchos buenos consejos, a menudo basados en sus propias experiencias. Aquí te aconsejo que no te metas demasiado en este asunto. Intenta entender, esta relación tóxica es lo que es, lo mejor que te pudo haber pasado. Ahora sabes que no quieres que te vuelvan a tratar nunca más así, sabes lo que ya no quieres en tu vida. Este tipo de relaciones no son normales, pero ocurren con frecuencia en la sociedad actual.

Sigmund Freud dijo una vez que el narcisismo se remonta a una etapa del desarrollo infantil en la que se habla de padres fríos o agresivos. Luego se hace una distinción entre formas secundarias y primarias, que proporcionan una variedad de manifestaciones. Sin embargo, la atención se centra en la forma primaria, que tiene su origen en la fase oral del vínculo madre-hijo (lactancia materna).

Pero no existe una definición realmente uniforme de narcisismo saludable y no la encontré en toda mi investigación. Más bien, todo el mundo ya nos ha enviado los resultados de sus investigaciones a través de Internet para demostrarnos que el lobo con piel de oveja no puede reconocerse de manera uniforme.

Los narcisistas orientados al éxito son reconocidos y exitosos en la sociedad actual. Las cosas solo se vuelven difíciles y problemáticas cuando el alcance de un trastorno de la personalidad determina su vida. Me estoy centrando en Jörg, lo cual ya es bastante aterrador.

Debo mencionar que antes de que este hombre entrara en mi vida, hiciera un baile de claqué con mis emociones, mi corazón y mi alma, no sabía nada sobre este trastorno de personalidad, cómo te afecta, qué tan malo es y si puedes "salvarlo". a él. Probablemente se escuche aquí y allá a lo largo de la relación, pero como tantas veces en la vida... ¡pah! Afortunadamente no tengo eso.

Piensas, diente de león, ya lo tienes, ahorrar nunca es posible y ahora queremos volver a deshacernos de él o ser lo suficientemente inteligentes como para ir por la vida con atención.

No tengo un anuncio de búsqueda en sitios de citas o una nota adhesiva pegada en un tablón de anuncios en el supermercado con la solicitud de búsqueda: "Se busca un hombre dominante con una personalidad perturbada para una relación sumisa". Fiel al lema: "Definitivamente quiero probar esto en mi vida". ¡¡¡De ninguna manera!!!

Por eso le doy a esta parte el nombre de "ejercicio seco". Conozca aquí a su homólogo del otro lado. Tómate tu tiempo y no te fijes solo en la capa exterior y el atractivo sexual. Mire dentro de su corazón, sumérjase en su alma y obsérvelo en la naturaleza mientras socializa con amigos o familiares. El tiempo es un factor esencial aquí. Nadie pierde un tiempo significativo en vano solo para encontrarse en una nueva pesadilla.

Sé que la persona que quiere generar confianza en ti y entablar una relación seria contigo realmente está pasando por un momento muy difícil. Porque la persona que anteriormente dejó un campo de batalla en tu corazón y alma hizo un gran trabajo.

¿Probablemente no quisiste dejar entrar a un hombre en tu vida tan rápido o estás completamente curado del mundo masculino? Enamorarse no está en tu agenda. Cualquier posible coqueteo se bloquea inmediatamente y usted rechaza cortésmente cualquier "intermediación" por parte de amigos. Declaraciones como "la próxima persona seguramente será la misma" no están tan lejos. Entonces volvemos a mirar, observamos cada paso, cada acción y sospechamos infinitamente. Sé que la nueva pareja potencial no lo merece, pero se ha convertido en parte de ti durante el largo período de dolor.

Ahora esperamos que lean aquí personas que quieran entendernos y no sepan cuál es la mejor manera de tratar con nosotros. La imagen del ciervo herido para describirnos probablemente sea bastante buena. No somos esa gente perturbada que parece poner todo en la balanza del oro. Está claro: o alguien te ama o no lo hace, pero no es tu trabajo rogarle a alguien que te ame, así que deja de "agotarte" por algo que no obtendrás. Si significas tanto para él que quiere pasar tiempo contigo o siente nostalgia cuando no saben el uno del otro, si tiene curiosidad, incluso después de la fase de gafas color de rosa y conoce tus situaciones desencadenantes. Confianza, paciencia y comunicación son, probablemente, las palabras mágicas aquí.

<blockquote>
La parte más hermosa de uno,
mujer muy cuidadosa,
el que cuando te ve en ella,
vivamos.
</blockquote>

> Entonces eso es todo,
> no porque ella
> tus necesidades ella necesita
> desde hace mucho tiempo
> ya nadie más.
> Ella te deja dentro de ella,
> vive porque ella te quiere,
> y eso es lo más puro
> y el amor más hermoso.
> Desconocido

No es una base saludable en una relación si tienes que hacer algo o actuar en contra de tu voluntad para obtener amor, reconocimiento, atención, aprecio, respeto, afecto y mucho más de tu pareja.

Ejemplo:

"Te prestaría más atención si dejaras de sentarte frente a la computadora para escribirles a tus amigos". Antes de eso, ya había empezado a ignorarte durante un largo período de tiempo.

"Me gustaría mostrarte mi afecto si hicieras lo que quiero de ti".

La gente suele amenazar con declaraciones como:

"Entonces te dejaré".

"Encuentro a alguien como tú en cada esquina".

"Entonces terminaré con mi vida si no haces esto por mí".

"No querrás que te pase nada si me dejas".

De hecho, experimenté el último. En algún momento la policía y el tribunal de familia lo entendieron y siguieron la ley: "La amenaza de violencia es un delito punible" logrado. Podría haber habido más actividad por parte de las autoridades, pero al final del día estoy sentada aquí hoy y puedo escribir esto. También se lo debo a la divina providencia.

Jörg necesitaba que los demás reconocieran su sobredosis, suplicaba admiración y tenía una inconfundible falta de empatía. Sus propios logros se destacan enormemente. Los narcisistas tienen una gran asertividad y fantasías de utilidad y confiabilidad ilimitadas. La poca empatía que hay está muy bien interpretada.

Los narcisistas como Jörg se sienten mágicamente atraídos por mujeres seguras de sí mismas, duras, con hijos, personas de carácter fuerte y talentosas que se encuentran en la mitad de la vida. Prácticamente se apegan a ti para que su genialidad aumente a través de tu fuerza. Saben que como madre estás dispuesta a ir más allá de tus límites y al mismo tiempo dejar de lado tus propias necesidades. Esto es lo que el narcisista quiere para sus necesidades. A cambio le gustaría nada menos que rendirle homenaje y ser admirado sin excepción.

Hablan mucho y a menudo de su grandeza. Las pequeñas cosas se convierten rápidamente en el acontecimiento principal. Las cosas pequeñas pueden convertirse rápidamente en una conferencia de 1 hora con una historia. Es decir, cuando se dice algo entre sus amigos, divaga sobre el tema, siempre enfatizando su grandeza. Él era el Chuck Norris que podía salvarlo todo y a todos. Si no lo tuviéramos, el sol solo podría salir por la mañana con su permiso.

Solo se pedirán disculpas por razones estratégicas si esperan obtener un beneficio real de ellas. Su comportamiento es siempre seguro de sí mismo y encantador con las mujeres que podría utilizar para sus juegos de poder. Entre los hombres, su comportamiento rápidamente se convierte en "tu lenguaje" o "tipo grande".

Si luego está dispuesto a aventurarse en un nuevo territorio y se dice que el asesoramiento psicológico sería beneficioso, falta su comprensión al respecto. No importa lo que haya pasado hasta ahora, él no necesita este consejo. Otros tienen problemas o preocupaciones. Le gustaría acompañarte, pero nunca se presentaría como "necesitado".

Los narcisistas tergiversan tanto los hechos hasta convertirlos en mentiras, cada vez más están convencidos de que dicen la verdad y reconocen la realidad. Las declaraciones más escuchadas fueron: "mientes", "nunca escuchas" y "nunca dije eso". En general, no tienes mucho que decir en una conversación y rápidamente tienes la impresión de que eres sumiso. Sigue interrumpiéndote y habla muy alto, tanto que a veces se te quiebra la voz. Si logras tomar el control de la conversación por un momento, serás interrumpido. A veces también tienes la sensación de que está hablando por un megáfono y está demasiado consumido por una actitud de sabelotodo que quiere mantener el control sobre el curso de la conversación.

Intenta establecer límites con un narcisista. A alguien más no le gusta eso. ¿De verdad creíste que podías cambiar a un narcisista? Si te acercas demasiado a sus juegos y tratas de exponerlos o ponerles fin, él usará el límite exacto que intentaste establecer, armará un escándalo y hará una gran salida. Rechazos, de nuevo algo de lo que no queremos saber. Sin embargo, estos suelen ser "discutidos" verbalmente entre narcisistas o respondidos con violencia. En mi caso utilicé el indulto del juez femenino y ya he puesto uno o dos ejemplos.

Un narcisista en la corte es como un escenario para él. Con solo presionar un botón, las lágrimas pueden fluir como un torrente para que puedas escapar de situaciones críticas y acumular puntos de simpatía de la jueza. Desafortunadamente, esto me pasó con tanta frecuencia que automáticamente tenía un paquete de pañuelos frente a mí en mi asiento para poder ayudarlo en el momento crucial. Hace todo lo posible para exponerte y hacer que se destaque. Véalo como un oponente duro y amargo.

Joven abogado, asesor procesal de mi hijo, responsable de bienestar juvenil, jefe del centro de asesoramiento y perito judicial para el panorama psicológico general. Hizo un gran espectáculo (tos), presentó pruebas que en realidad no se aceptan en el tribunal de familia y que nunca se esperarían.

Simplemente se mantuvo alejado de un juicio porque quería la representación teatral para él solo y fingía no haber recibido una invitación. El hecho de que su abogado tuviera uno y no le hubiera informado era pura coincidencia.

He descubierto que el narcisismo no se reconoce en los tribunales de manera oportuna. Aquí rápidamente se dijo: "El pobre hombre primero tiene que lidiar con la separación" o me pidieron que lo entendiera. Solo hacía estas cosas porque no podía soportar la ruptura. Rechazó la terapia y, en cambio, quiso negociar con el tribunal una terapia de pareja. ¿En serio? Así que Jörg recibió apoyo bastante rápido, mientras que yo simplemente tuve la culpa de muchas cosas y tuve que abrirme camino a través de muchos procedimientos legales.

Las discusiones previstas a menudo son casi interminables, las discusiones rápidamente se vuelven muy extensas y se alejan del tema real, por lo que los aspectos se distorsionan. Al final casi crees que el resultado de 2+2 es 7 después de todo. Esta discusión solo terminará si usted es sensato, admite sus errores, que en realidad no cometió, pero da testimonio de sus errores y pide disculpas.

La humillación lo satisface. A menudo se puede leer en los informes: "Enfermedad mental causada por una percepción alterada de uno mismo".

Los arrebatos de ira no fueron solo un problema para nosotros alguna vez. Se trata principalmente de términos verbales, devaluaciones y búsqueda de un objetivo personal, lo que rápidamente se convierte en violencia y luego lleva al lanzamiento o incluso a la destrucción de objetos.

En una relación con un narcisista no es él el abandonado, sino que deja a la mujer porque ella ya no puede "hacerlo" o está harto. Él te usa según su voluntad. Dulce y tierna un día, y distante y fría al momento siguiente. En cambio, se me permitió escuchar el hecho de que, si a él no se le permitía tenerme, entonces a nadie más se le debería permitir tampoco.

Hubo una o dos ocasiones en las que pudo "transmitir" esto a mis conocidos, solo para luego perder, repentinamente, el contacto conmigo sin decir una palabra.

Si crees que la comunicación en sí misma es fácil, estás equivocado. Determina si recibe una respuesta y cuándo. La mayoría de las veces, Jörg no le veía sentido o no le apetecía. Según el lema:

"¿Había alguna pregunta claramente formulada que justificara una respuesta?".

Si le das la vuelta a la tortilla, recibirás insultos, acusaciones de infidelidad, amenazas, acoso o vigilancia. Así, un pequeño mosquito se convierte rápidamente en un elefante.

Incluso una vez leí algo que se dice que los narcisistas son incapaces de tener relaciones. Les falta cariño y no pueden soportar los problemas.

Me pareció interesante el patrón según el cual la depresión, el comportamiento adictivo, el miedo a perder y los problemas de relación ocurren a menudo en sus propias vidas y, como resultado, desarrollaron características despiadadas y manipuladoras.

Voy a arriesgarme y decir que los narcisistas se salen con la suya con los mismos trucos durante años porque nadie reconoce el juego real y miran el panorama general. Ignorar a un narcisista durante una ruptura o después de una ruptura es la decisión que puede y debe salvarte la vida.

Con el tiempo encontré buenos sitios que puedes conseguir en el servicio de medios YouTube. Recomiendo no verlo demasiado porque es realmente una locura y puedes aprovechar mejor ese tiempo para ti. Mi favorito en aquel entonces era: "Ayuda para las víctimas de narcisistas".

Un breve resumen de cómo superé bien el primer momento difícil para finalmente poder decir: "La luz al final del túnel es tangiblemente visible. Ahora hagamos un último empujón para llegar allí".

Solo puedes decepcionar a un narcisista. No le expliques más nada, más bien diga: "confié en ello". Si comienza a ignorarte, no le envíes flores. Encuentra o ya ha encontrado una nueva víctima. Disfruta de la paz y los momentos, esto aún no ha terminado. No puedes solucionar su caos en la vida, él crea un nuevo caos durante ella. Déjalo ir.

¿Está tratando de aprovecharse de ti? Huye. No me des otra oportunidad. Realmente, y en serio, es una pérdida de tiempo inútil.

Evite el contacto y no responda preguntas. Y lo más importante: la venganza es completamente inútil. Has dejado que te suceda durante tantas semanas o meses, tal vez incluso años, sin reaccionar realmente. Ahora que eres libre, has recuperado tu vida y puedes reescribirla, ¿quieres venganza? Es demasiado tarde para eso y no tiene ningún sentido. Deberías haberte vengado de las cosas que te hizo cuando estabais saliendo.

Prepárate para oponentes que nunca esperarías. Un narcisista siempre tiene una audiencia que le es leal. Después de denunciar a Jörg ante la policía por agresión, recibí duras críticas de los empleados de la oficina de bienestar juvenil. Aquí os dejo algunos ejemplos que todavía hoy me dejan sin palabras:

"Una relación es una obra de construcción en la que trabajas para siempre. Siempre hay un constructor a cargo".

"Él es el padre del niño. ¿Qué le estás haciendo al padre mientras el niño sufre los golpes y la huella de la mano en la cara?".

"Lo sabías de antemano y sabías en qué te estabas metiendo".

"Seguimos juntos gracias a los niños (¿no era esa la actitud de nuestros abuelos?)".

"Es un hombre tan encantador y cortés. Entonces, ¿qué me pasa?", me pregunté durante mucho tiempo. Pero, como suele ocurrir, no te equivocas. Finalmente despertaste.

> "A veces Dios te envía tu ex de nuevo solo para ver
> si tú todavía eres estúpido". (Desconocido)

Estoy orgulloso de ti, incluso si todavía estás aquí y has leído conmigo hasta esta página.

El viaje es el destino y ¿qué pasa con el túnel y la luz?

Aquí está mi guía de lo que puedes esperar, lo que he pasado a lo largo de los meses y lo que he experimentado. Importante aquí: no pierdas tu hilo imaginario.

Tú, como su "propiedad", lo estás dejando. Él quiere que regreses para poder dejarte. Todas las cosas que están pasando ahora no son culpa tuya. Nunca dejes que nadie te diga eso. No le digas nada sobre la ruptura, solo vete.

Encuentra personas en las que confíes. Amigos, familiares, compañeros de trabajo, compañeros de club, etc., nunca aquellos en común ¡¡Elige tus amigos!!

Evita la discusión a toda costa, no hay cambios. Las promesas no se cumplen de todos modos, no hay más posibilidades. Ordena tus contraseñas, cambia tus datos de contacto en todos los niveles posibles.

¿Tienen una cuenta conjunta? Gestiona tu propia cuenta y redirige tu dinero.

Cuéntales a otras personas sobre la posible violencia doméstica y el terror psicológico que hayas experimentado y recopila pruebas que puedan probar todo esto.

Acude a la clínica de urgencias/violencia, incluso para incidentes pequeños, haz que se registren con fotografías.

Informa a tus amigos y familiares sobre su mudanza y pídales que mantengan el máximo secreto. Aprovecha el momento para salir cuando se hayan aclarado todos los puntos y escribe por qué estás haciendo esto. Vas a necesitar esta joya. Salvas tu vida en el momento en que cierras la puerta detrás de ti. Eres indescriptible en poder y fuerza. Estoy orgulloso de ti. No mires atrás, busca ayuda a tiempo. No estás solo con este destino.

Podrías sufrir depresión, ansiedad y ataques de pánico o problemas físicos (ese subidón de calorías). Incluso la necesidad de querer volver, porque él te amó una vez. No puede ni tiene que ser así. Tuve depresión durante mucho tiempo, bastante grave. Cúrate de ello en 2016 y deja de ser el invitado estrella de tu propia fiesta de autocompasión. El acecho es lo único que me acompañó hasta 2021, unos buenos 10 años.

¿La pregunta de si lo logré? Sí. Al menos he tenido paz total durante tres años.

¿Qué es difícil? Definitivamente sí.

¿Tardó mucho? Considero que 10 años y 19 audiencias judiciales es mucho tiempo.

¿Valió la pena? Definitivamente sí, 100%.

¿De dónde sacaste la fuerza para encontrar el momento adecuado para partir? Cuando has soportado tanto, el momento es como una fiesta. Sientes cuando ha llegado el momento adecuado.

Y... sí, pero ahora hay preguntas: ¿Puedes reemplazar todo, comprar algo nuevo, crear algo nuevo y empezar de nuevo? Empieza a vivir y a cuidarte; si tienes hijos, también a ellos. Hay mujeres que no se atrevieron y pagaron con su vida.

Padre mío celestial, te doy gracias porque eres mi luz y salvación, por lo que no debo temer a nadie. Eres mi fuerza, ¿a quién debería temer?

Te agradezco por cada pequeño momento. En el nombre de Jesús. Amén. (Salmo 27, 1).

> Piensa cuidadosamente a quién invitas a tu casa: porque una persona engañosa encuentra muchas oportunidades, para hacerte daño. Una persona arrogante es peligrosa como un señuelo en una jaula: como un explorador, dice en su oportunidad, para derribarte. Él convierte el bien en mal, incluso en el día desinteresado todavía encuentra algo de qué quejarse. Una pequeña chispa crea una entera. Montón de carbones en llamas y un villano está esperando para derramar sangre. Cuidado de los malhechores, no planean más que travesuras y ¿puede tu buena reputación? ruina para siempre. Trae a un extraño a tu casa y lo estropea todo; te aleja de tu propia familia (Eclesiástico 11, 29 y siguientes).

PARTE 6

En el espejo del narcisismo (Memoria)

A veces la vida es como subirse al taxi de otra persona. Entras y le dices a la otra persona cuál es la ruta para ella. O tomemos la comparación de una sala de espera. Estás en la sala de espera de la vida, esperando tu turno para dar el siguiente paso. Desafortunadamente, usted no sabe "su cita" ni cuándo le entregarán su paquete.

¿Qué opción elegirías hoy si tuvieras la oportunidad? ¿Dar tus paquetes con todas las malas experiencias narcisistas a Dios, a cambio recibir un corazón nuevo y ser sanado con Dios: o continuar como antes y simplemente fingir y esconderte detrás de una fachada?

Mientras tanto, con todas mis posibilidades, obtengo imágenes de Dios ante mi mente. Pero a veces también son impulsos, un susurro o un mensaje claro de nuestro Dios, mi salvador y redentor.

Durante un tiempo no fui capaz de interpretar correctamente estas imágenes, impulsos o palabras, o mis suposiciones no produjeron una imagen o dirección clara. Recibí el apoyo de mi amigo por correspondencia. Me dio una comprensión del trasfondo cristiano y, sin embargo, todavía era un recuerdo en el que aún no se podía ver el panorama general.

Ahora estoy tratando de poner en palabras algunas de las cosas que han estado en mi corazón y, tal vez, tú te encuentres en el recuerdo.

Te han dado un corazón nuevo (Ezequiel 36, 26), puedes reescribir tu vida como un libro, página por página, pero prefieres mirar hacia atrás, a tu antigua vida con tu "corazón nuevo". Te aferras a los recuerdos no tan buenos como si fueran un salvavidas. En la Biblia hablamos de la columna de sal (Moisés 19, 26). Estás estancado porque no puedes dejar ir la vieja vida. Tú eres quien aquí tiene la opción de soltar el dolor, ponerlo en un paquete y entregárselo a Dios para que puedas usar tu *nuevo corazón*. ¿Estás listo para ello hoy?

Tienes la oportunidad de regresar al punto en el que dejaste que Dios entrara en tu vida, en el que estabas en el fondo y estabas listo para abrirte por completo. Aquí olvidaste confesar algo, renuncia a tu paquete de narcisismo y sé completamente libre. Te dije esto como una imagen, lo interpretaste, pero no lo diste como un paquete.

Texto sin formato ahora...

¿Eres tú la persona del otro lado?

¿La persona que ha ofendido, lastimado, manipulado, abusado emocionalmente, se ha aprovechado, denunciado, tratado mal a muchas mujeres, las ha golpeado, las ha utilizado para sus propios fines cuando le ha dado la gana o las ha tratado como a una esclava en su propia relación?

¿Quién te quitó lo que pensabas que era amor y afecto o necesidades en una relación cuando lo querías o pensabas que era necesario porque así fue como te criaron o no te enseñaron lo contrario en tu infancia?

¿Entonces eres tú quien se encontró aquí en el capítulo sobre narcisismo? ¿Te ves en este espejo?

¿Se siente cómodo con ello en todo momento y, por lo tanto, puede recordar su "rendimiento"? Esta es tu alma. ¿O finalmente quieres salir de allí?

Les mostraré el símbolo en Lucas 11, 24-26, el cual recibí de Dios como imagen para ustedes. Uno tras otro, como un recuerdo, para que solo tengas que descubrir el panorama general.

Recibo las imágenes explicadas por Robert y pienso: "¿Por qué no entiendo esto? ¡Por qué no reconozco ni entiendo la imagen completa?". Todo el tiempo pienso que las fotos son para mí. Me preocupan, me ponen nerviosa y me siento como un cordero corriendo hacia un laberinto de alambre de púas.

Estas fotos no son para mí, porque solo soy el mensajero para entregárselas. Había muchas imágenes, pasajes de la Biblia, palabras y un susurro que siempre venía de Dios.

Debes reconocer, a través de las imágenes, a través del panorama general, que Dios tiene un plan excelente para ti, que te cambiará, que te dará la oportunidad única de sacar lo mejor de lo que nunca antes has experimentado.

Dios te envía el "ángel salvador", el "mensajero" que puede sacarte de allí. Me veo a mí misma como este mensajero y, ¿estás realmente listo, ahora en este momento, en este pasado con los problemas y el dolor infligidos, para regalar?

¿Puedes explicar las imágenes de manera excelente, pero no puedes ver el panorama general? ¿No crees lo que veo y lo que me dice nuestro Señor? ¿Crees que tu conocimiento cristiano y tu bautismo son suficientes para liberarte de todo lo que está en tu prisión personal? Estás equivocado.

Dios tiene un plan para ti, y solo si estás dispuesto a pedir perdón a las personas a las que les hiciste todo esto, Dios te llevará a su viaje más hermoso. Obtienes todo dispuesto en términos de mensajes y todo lo que tienes que hacer es agarrarlo. ¿Y qué tienes que perder? Solo puedes ganar haciendo esto.

¿Ya no puedes llegar a las personas a las que les hiciste todo esto en el espejo del narcisismo? Ningún problema. Lleva esta oración mía a Jörg y reescríbela tú mismo.

Quiero decirte que hoy es el día ideal para liberarte, para aprender de nuevo, para reconocer lo que es el amor profundo, la seguridad, el cariño y, sobre todo, la fuerza. Serás recibido con los brazos abiertos cuando transformes tu dolor y pidas perdón. Créeme, "nuestro lado" te estará eternamente agradecido por tu fuerza, por tu valentía y determinación. Sentirás tu nuevo corazón y podrás emprender el gran viaje.

¿Estás listo para regalar todo esto hoy?

A alguien de tu confianza dar, es como un arma para el admitir. O dispara en ti o te protege con él. (Desconocido).

Dios me hace entender que he hecho todo lo imaginable y posible que estuvo en mi poder. Fui testaruda, me aferré a ello con la fuerza de Dios hasta el último segundo y creí que el conocimiento se afianzaría. En cambio, elegiste el camino habitual.

"Sáname Señor, entonces estoy completo, ayúdame, esto me ayudó; sí, eres mi alabanza". (Jeremías 17, 14, NVI).

"Un día nos volveremos a ver. Pero hasta que llegue el momento, te estoy enviando un ángel quien te ha cuidado durante tanto tiempo, hasta después puede estar contigo". (Desconocido).

PARTE 7
Sin mi consentimiento

Solo quieres dejar atrás un día con una mala experiencia y serás feliz cuando puedas cubrirte con la manta y quedarte dormido rápidamente. Cierra los ojos y duérmete lo más rápido posible para que puedas encontrar la paz y no notar nada más del mal día. Mañana las cosas solo pueden mejorar.

Cuando una persona decide exigir sexo en una relación, tiene dos opciones: encontrar el momento juntos, decidir no irse nunca a dormir enojados, reconciliarse y disfrutar de la intimidad de antemano, o aprovechar ese momento en el que el otro está durmiendo, no es consensual porque la otra persona no se da cuenta.

Yo era la persona que no podía recordar nada. Hasta el día de hoy no sé si fueron pastillas para dormir, sus drogas, unas pastillas o *knockouts*. Las gotas fueron para él un sentimiento de poder sobre mí, para mí una pesadilla hecha realidad.

Cuando me desperté por la mañana supe que algo andaba mal, fragmentos de un recuerdo de anoche dentro de mí brilló, me sorprendió y tuve un problema real. Todo lo que podía recordar era haberme acostado la noche anterior. Todo lo que pasó entonces fueron las imágenes *flash*. Jörg feliz y satisfecho, orgulloso de sus acciones, definitivamente estás en la película equivocada.

El disgusto por esa gente surgió en mí; fui usada, sometida a sus fantasías sexuales. ¿Qué tan sucio o humillante puedes sentirte cuando pierdes el conocimiento? Todos los recuerdos fueron bloqueados, los fragmentos de recuerdos eran lo suficientemente malos como para hacerme sentir tan sucia y repugnante que quise pasar el día en la ducha con un cepillo duro. Tenía una necesidad urgente de arrancarme la piel del cuerpo, capa por capa. Con los años he olvidado cuánto tiempo pasé en la ducha. Mi pensamiento siempre giró en torno al hecho de que esto no debería tener consecuencias. ¿Quizás tuve lesiones internas? ¿Qué más podría haber pasado? ¿Qué me ha hecho?

Hasta el día de hoy, nadie de mis conocidos o círculo de amigos sabe lo que me pasó. Nunca lo convertí en un problema. Podría haberme ido, por supuesto, pero me faltaba el coraje para empezar de nuevo. Entonces lo entiendes cómo aceptar tu destino. ¿Por qué no lo denuncié? De hecho, me hice esta pregunta durante mucho tiempo. Quizás la prueba ya no estaba allí. Terminé "pelándome" en la ducha.

A través de este libro, mi círculo de amigos ahora está al tanto de este evento. Incluso mi mejor amiga y mis amigos más cercanos probablemente ahora lo descubrirán a través de este libro. Estoy lista para ello.

Unos tres meses después, finalmente, me encontré con el ginecólogo. El período mensual se detuvo, pensé que era estrés y realmente no creí en ello, especialmente sin recordar lo que había sucedido. Sin embargo, llamé a mi amiga y le pregunté por un buen ginecólogo que no estaba cerca de mí, pero que tenía una cita disponible lo antes posible. A veces vives como si vivieras en el pueblo de una gran ciudad y la gente habla más rápido de lo que se imprime el periódico.

Mi amiga Ilona me recomendó a su ginecólogo local. El ginecólogo en una calle secundaria, un poco apartada de las afueras de la ciudad y un médico con mucha comprensión. Conseguí una cita muy rápidamente. La sala de espera era grande, luminosa, estaba llena de mujeres solteras y parejas. Solo guardé para mí fragmentos de películas del resto de la consulta del ginecólogo. Fui llamada y llevada a la sala de tratamiento. Después de una breve espera el médico entró en la habitación. Aclaramos las primeras cosas preguntándome sobre mi última regla, anticoncepción y si quería tener hijos. La doctora me pidió que me quitara la ropa detrás de una cortina para poder hacerme una ecografía.

Me cambié para el examen, me puse una bata quirúrgica con una abertura galante cerrada por detrás con una cinta y tomé la posición deseada en el frío sillón ginecológico. Coloqué mis pies en el soporte provisto y la doctora comenzó el examen y las primeras exploraciones. Durante la ecografía vaginal, ella pudo determinar rápidamente la ubicación del feto, determinar los latidos del corazón, los movimientos y el desarrollo, así como la semana de embarazo. Después de determinar la fecha de parto provisional, la ginecóloga finalmente dijo: "Felicidades, estás embarazada, aproximadamente al final de la semana 13". Pude verlo en la imagen de la ecografía, el pequeño feto en su pequeña cáscara de líquido amniótico. Después de tres embarazos, esto no es nada nuevo y puede ser fácilmente reconocido incluso por un profano.

Empecé a llorar y la doctora pensó que eran lágrimas de alegría. Tomó algunas medidas más y me imprimió una imagen del ultrasonido. Sostuve la foto con mis manos temblorosas. ¿Qué había pasado aquí? ¿En serio puede ser verdad? ¿El resultado de una noche con fragmentos de recuerdos? Los latidos del corazón fueron claramente visibles y escuchados en el eco para la doctora. Me permitieron bajar de la silla, volver a ponerme la ropa detrás de la cortina y luego hablamos.

Durante la conversación traté de explicarle a la doctora que este embarazo no se produjo de la forma habitual y le expliqué lo que sabía desde el día en cuestión. Le expliqué la situación familiar actual, recién separada, acosada, vigilada y controlada por un exnovio, sola en casa con un niño pequeño y un adolescente. Estaba temblando porque no sabía qué hacer ahora en esta situación. ¿Qué sigue? Con un niño pequeño ya te enfrentas al horror diario de tu expareja. ¿Qué desencadenaría esto si estoy embarazada? Es difícil imaginar cómo sería el proceso.

La ginecóloga me explicó todos los pasos y opciones de este camino especial. Hasta ese momento, siempre había decidido que nunca abortaría. Se trata de la vida, el corazón era visible y latía al ritmo. Las circunstancias de la concepción eran bastante malas, pero tenía que tomar una decisión. La doctora me dio los datos de contacto del médico que debía realizar el procedimiento, los datos de contacto del centro de asesoramiento de Profamilia, al que debes visitar previamente si quieres hacerte un aborto, así como información sobre el proceso de solicitud con la compañía de seguros de salud correspondiente.

Nos despedimos. Salí de la práctica muy rápido y totalmente molesta. El camino a casa fue casi interminable con lo que aparecieron 1000 preguntas en mi cabeza. ¿Está bien lo que estoy haciendo? ¿Aborto? ¿Por qué yo? A un ser vivo que no puede evitarlo, no se le ha preguntado si quiere vivir o morir. ¿En qué mundo coloco a un niño concebido en condiciones inusuales y anormales? ¿Cómo le explico a Jörg este embarazo cuando la situación actual no es nada agradable? Si ya tengo este terror, ¿me presionaría para permanecer juntos ahora? Tantas preguntas, tan pocas respuestas y no hay tiempo para aclarar la cabeza. No quería hacerlo, pero lo hice. Para mí no vi otra opción en ese momento y por eso di ese paso.

En esa época me acababa de mudar a mi nuevo departamento. Estaba sola, tenía dos hijos y la relación con Jörg había terminado por el momento. Los problemas acababan de empezar y Jörg no pudo soportar la separación en absoluto. ¿Cómo debería explicar por qué estuve tanto tiempo en el médico y que necesitaba ver a otro médico nuevamente? ¿Lo podría imaginar o lo podría suponer desde aquella noche, teniendo relaciones sexuales sin consentimiento, un embarazo ahora?

Cuando no podía llevar a mis hijos a algún lugar, como cuando iba al médico, Jörg se ocupaba de los niños. Todo lo que tuve que hacer fue llamarlo y él estaba allí, desapareció poco después de que llegué a casa. Por lo tanto, pudo ejercer y cumplir su derecho de visita, que aún no había sido regulado por el tribunal. Incluso, si nunca antes había mostrado ningún interés real en los niños, ahora pudo demostrarlo antes de que el tribunal lo determinara oficialmente. No podía darle mis hijos. Entonces él estaba en mi departamento, donde los niños estaban en su ambiente habitual.

Fue bueno para mí no tener que escuchar conversaciones inútiles sobre volver a intentarlo, él tenía una agenda llena de actividades con un adolescente y un niño pequeño.

Cuando me preguntó, le dije a Jörg que durante un examen de rutina me habían descubierto un quiste y que tendría que ir nuevamente al médico para que me lo extirparan en una cita ambulatoria. Él respondió rápidamente: "Pensé que estabas embarazada". Simplemente me reí brevemente y dije que el quiste no era embarazo, pero que había que extirparlo de inmediato. En ese momento no fue posible decir la verdad. La situación era bastante tensa.

Cuando salió de mi apartamento pude hacer las llamadas telefónicas necesarias y urgentes, presentar la solicitud a la compañía de seguro médico y concertar una consulta con "Profamilia". A los pocos días y aún con muchas dudas, volví con el otro ginecólogo que realizaría el aborto. Después del examen recibí la cita y la última información importante. Pasar los siguientes días con este secreto y una mentira hasta el despido fue terrible para mí.

El aborto se realizó por la mañana y, probablemente, fue muy rápido. El embarazo ya tenía algunas semanas de avanzada y estaba muy cerca de interrumpirse. Lo único que recuerdo es que entré en una pequeña sala con ropa quirúrgica, donde me esperaban el médico y las enfermeras de cirugía. Me acosté en la mesa de operaciones y lo siguiente que desperté fue en la sala de recuperación, donde se suponía que debía permanecer hasta que la anestesia desapareciera por completo.

No pude decir nada, estaba triste, no pude despedirme, no pude explicar. En casa tuve que inventar una historia creíble de que el quiste se podía extirpar sin problemas. Un quiste. Solo más tarde, creo que, durante una discusión, le dije a Jörg que el quiste era un aborto. No hubo ninguna escena, ningún intento de conversación al respecto. Sabía exactamente que era por la noche en cuestión de la que estaba muy orgulloso. Trataré el tema del aborto por separado más adelante.

Lo siento mucho, no tuve otra opción que dar este paso. Para protegernos, para protegerte os entrego en manos de Dios.

Noviembre 2010.

"Mis acciones tus ojos contemplaban, todas ellas estaban en tu libro; mis días escritos y fijados, sin que ninguno de ellos existirá". (Salmo 139, 16).

PARTE 8

Necesitamos hablar de ello: desgaste

Este es un tema que puede llenar veladas enteras y destrozar por completo las amistades. No era mi intención profundizar en este tema, porque los estados han adoptado leyes diferentes al respecto. Me gustaría utilizar mi historia para darle una comprensión de la situación y mis sentimientos. Desde entonces, personalmente, ya no tengo una posición clara sobre el aborto.

Bíblicamente, la violación y el embarazo resultante están mal. Un aborto resultante de esto, sin importar el dolor que implique, es una injusticia. No puedes permanecer neutral con las declaraciones aquí. En la Biblia encontramos declaraciones claras sobre esto que pueden ayudarnos aquí.

"Te conocí antes de formarte en el vientre, y antes de que nacieras te elegí para que me sirvieras solo a mí...". (Jeremías 1, 5).

"No matarás". (Éxodo 20, 13).

"Tan pronto como tomé forma en secreto, invisiblemente todavía artísticamente formado en el vientre de mi madre, allí estaba, pero no encubierto de ti". (Salmo 139, 13-16).

"También los niños son un regalo de Jehová; quien lo reciba será recompensado con creces". (Salmo 127, 3).

"El aborto es una cuestión de vida o muerte para el ser humano creado por Dios". (Génesis 1, 26-27 y 9, 6).

Sé que no tenía derecho a hacer esto. Sin embargo, lo hice. El feto era inocente y estaba siendo castigado por algo que el padre me hizo esa noche crucial. Para mí no vi otra opción. Jörg ya era muy dominante y todos los días me trataba verbalmente como a un pedazo de basura. Una forma de vida donde no podía sentir, hablar o actuar de forma independiente y mucho menos respirar.

Nuestro hijo fue realmente llevado al cielo y, sin embargo, a sus ojos yo no era apta para ser madre. Me acusaron de tener enfermedades como el síndrome de Münchhausen, que me hacían quedar mal.

Desde este punto de vista, yo era madre soltera, especialmente cuando estuve separada de mi relación. Sin embargo, el terror psicológico me habría acompañado durante todo el embarazo con 100 por ciento de seguridad, a estas alturas ya había tenido control, vigilancia y acecho. Entonces esto no habría cambiado. En ese momento quise, perdónenme, encontrar un cierre al martirio.

Un embarazo y luego regalarlo a otra familia no acabaría con el terror. Lloré amargamente por esta decisión. Lloré porque nunca había visto esto en mi vida ni a personas que hubieran hecho esto. Nunca entendí tu decisión hasta este momento. Solo cuando llegué a este punto pude comprender la situación de las mujeres.

Me sentí mal en el corazón, desde el primer momento y durante mucho tiempo después. Hay cosas que tienes que hacer sola. Miedo en pánico el día de la abrasión y nadie me acompañó porque a nadie se le permitía saberlo. De la familia solo quedó mi hermano, pero tampoco pude informarle.

El personal de la práctica fue amable, pero se notaba que era solo una de las muchas que se sometieron a este procedimiento. Estás como en un túnel, simplemente lo atraviesas, apagas todos los sentimientos y emociones y pasas por este proceso.

Después sentí dolor y sí, fue mi culpa. Este dolor era el de un sangrado menstrual abundante, donde lo único que quieres hacer es recostarte en el sofá con una bolsa de agua caliente y una manta de lana, excepto que yo todavía estaba acostada en una cama en la sala de recuperación del consultorio ambulatorio. El hecho de que realmente hubiera abortado no mejoró las cosas en ese momento.

No hay oportunidad de llorar, decir adiós ni nada por el estilo. No soy insensible cuando digo que había un niño pequeño esperando en casa, un adolescente y un exnovio que todavía creía que su terror provocó la reversión de mi decisión de romper, a lo que parecía el décimo reinicio de la serie (relación). Tenía que funcionar y no podía dejar que nada de lo sucedido en esta cita se notara.

> Nunca debería ser la primera decisión dejar que esto llegue
> a su fin. Darlo en adopción después del nacimiento o
> criarlo por tu cuenta son solo dos razones. Los centros de
> asesoramiento o la iglesia, el clérigo o el pastor pueden ayudarle
> con estas preguntas. "Si decides a pesar de todo, entonces lo
> harás a través de la fe dado a Jesucristo". (1 Juan 1, 9).

En Estados Unidos, después de 50 años, la sentencia Roe/Wade en 1973, la Corte Suprema de Texas anuló la prohibición del aborto. Esto allana el camino para que los estados individuales tengan sus propias leyes. Aproximadamente la mitad de los estados restringen o prohíben severamente los abortos después de la sexta semana de embarazo, cuando el feto se vuelve viable, se considerarían asesinato y serían castigados en consecuencia. Sin embargo, muchas mujeres no saben que están embarazadas hasta la sexta semana de embarazo. Para embarazos que se producen tras una violación, un incesto o siendo menor de edad, hay médicos que no pueden iniciar un aborto por miedo. Las mujeres afectadas viajan largas distancias para hacerse esto en otro estado. El aborto permanece impune hasta la semana 22 de embarazo. Canadá es el único país del mundo que regula el aborto.

Si alguna vez te enfrentas a una decisión, asegúrate de no recibir ningún estímulo de nadie sobre tu decisión. Nadie te tomará la mano ni te dará un pañuelo, y mucho menos llorará contigo. Es importante buscar centros de asesoramiento sobre bienestar familiar, iglesias, centros de asesoramiento familiar, compañías de seguros de salud, hospitales, parteras, médicos de familia y ginecólogos.

Obtenga asesoramiento detallado sobre las opciones y luego elija el paso adecuado para usted. Nadie puede tomar esta decisión por ti, siempre será dura y devastadora. Pero al final es tu decisión personal con la que tendrás que vivir.

> "Nunca sabes, que fuerte eres hasta que tu única opción es, fuerte ser". (Bob Marley).

> "Cuando se acaben las fuerzas, la salvación es gracia". (Desconocido).

> "Tu cuerpo es fuerte y puede soportar mucho en lo que estás. Tienes que tener cuidado es con tu alma". (Desconocido).

PARTE 9

Ser libre

Poco después del año nuevo de 2011 terminé con Jörg. Hecho con todos los altibajos, con promesas y promesas infundadas, con posibles cambios o mejoras, con regalos de reconciliación, con ataques verbales y psicológicos, con vigilancia, control y acecho. Simplemente no pude soportarlo más. Un montón de miseria y la sombra de uno mismo lo describen bastante bien.

En realidad, no estoy hecha para el agua, pero esta vez fue demasiado para mí. Lloré cuando estaba en el baño, lloré cuando tenía momentos a solas, y cuando la llave giró en la cerradura, comencé a temblar y a asustarme. Ya no quería nada de eso. Tener en mi apartamento a esta persona drogada, tambaleante y arrastrando las palabras que pretendía estar cuidando a los niños y, en cambio, me observaba y comentaba todo. Ya no quería ser su niñera ni su compañera de juegos.

Buscas desesperadamente la puerta para salir de esa relación y lo único que encuentras son desvíos. Ninguna amiga en el mundo puede dar este paso por ti. Ella puede tomarte de la mano y darte apoyo moral cuando estés listo para dar la señal de partida a una nueva vida, pero tienes que apretar el gatillo para dar la señal de salida tú solo. Una vez más para llorar, una vez más para temblar y una vez más para tener miedo por ti y tus hijos... Puedes hacerlo, puedes hacerlo, todo es mejor. La vida aquí que tienes actualmente no es una vida.

Al comienzo del año nuevo 2011 tenía tanta fuerza y energía dentro de mí que estaba lista para cualquier cosa. Hoy fue el día perfecto para trazar una línea, para liberarte de esta dependencia y ser, finalmente, libre. Ser libre, ¿cómo se sintió?

Para mí todo estaba dicho y cuando le hacía la pregunta: "¿Dónde te ves dentro de cinco años?", su respuesta era siempre la misma: "Como ahora, somos una pequeña familia".

Me pregunto dónde me veo dentro de 5 años. La respuesta llegó cuidadosa y espontáneamente: "No a su lado y completamente sin él".

Aquella mañana Jörg reclamó el sofá como suyo mientras dormía. Los intentos de despertarlo fueron inútiles. Incluso cuando recibí la visita de mi amiga y vecina Ela y su esposo Tom, él no hizo ningún movimiento para hacer espacio. Estaba intoxicado al máximo con una mezcla colorida de la bolsa sorpresa.

Juntos logramos ponerlo afuera de la puerta en los escalones de entrada a la casa. Rápidamente empaqué sus cosas en varias bolsas de tela y las agregué. Pude quitarle la llave de mi apartamento para que ya no pudiera entrar al pasillo ni al apartamento. Luego tomé a mis hijos, cerré la puerta con llave y rápidamente subí unos escalones hasta el apartamento de Ela y Tom. Estaba tan emocionada, temblando como una hoja por todos lados. Tenía miedo de lo fuerte que se asustaría y de si se alborotaría cuando volviera en sí. Caminé inquietamente de un lado a otro por el apartamento mientras mis hijos jugaban pacíficamente y no notaron nada de los disturbios. Miré hacia abajo desde la ventana de arriba y lo vi todavía sentado allí, apoyado contra la pared de la casa, lejos de todos los sentidos.

¿Estaba bien? ¿Era ese el momento adecuado? ¿Podré superar todo esto emocionalmente? ¿Es así como se siente un nuevo comienzo? Me estoy disolviendo... Sí.

Ela y Tom intentaron calmarme, me dieron valor y confirmación para este gran paso. Todavía no lo podía creer. Probablemente hubiera sido el mejor momento para emborracharse incontrolablemente y, al menos, brindar por ese coraje exasperado con una copa de champán, o la confianza en ti mismo, que tuviste minada durante tanto tiempo, ahora puedes volver conmigo.

Cuando volví a mirar por la ventana un poco más tarde, ya no estaba. A partir de ahora el pistoletazo de salida estaba dado para Jörg: "...ojo por ojo, diente por diente, mano por mano, pie por pie, marca por marca, herida por herida, verdugón por verdugón". (Éxodo 21, 23-25). Realmente nunca pensé en el alcance de esto. No tienes idea de que un hombre no puede afrontar una ruptura.

Te agradezco, padre mío, tu ilimitado coraje, fuerza de voluntad y determinación para poder dar este paso en este día. Gracias por poner a Ela y Tom a mi lado como una gran ayuda. Gracias por permitirme ser libre. Gracias porque mis hijos pudieron salir sanos y salvos de esta situación. En el nombre de Jesús Amén.

> "Todo el mal necesita ganar, son las buenas personas que no hacen nada". (Desconocido).

> "...no me dejaré alborotar, porque solo los ignorantes están enojados sobre todo". (Eclesiastés 7, 9).

PARTE 10
Paralelas

Mi intención aquí era revelar parte del informe psicológico de Jörg, quizás para darle paralelos o quizás una señal de advertencia que le indique que evite a esta persona en la relación.

Conclusión: hice un capítulo aparte. Por un lado, porque el narcisismo no se puede delimitar a un grupo de personas, a una edad, a experiencias infantiles o a cuestiones de crianza. Recuerda, la persona en cuestión no tenía un letrero de neón en la frente que le dijera qué es y qué lo hace quien es. Por otra parte, no existe una imagen típica. Quizás pueda explicar un poco mejor el porqué. Por eso he creado el capítulo 10 para él.

Vivir y aprender para la vida

Quizás, no quiero descartarlo, hay paralelos en la infancia, pero nunca diría: "¡Oh, sí! Eso lo sé, ya lo tuve". "Tú también eres uno de ellos". Jörg tuvo una mala infancia en una típica familia de clase trabajadora. El alcohol, los padres tenían poco tiempo para los dos niños, el estrés y la violencia en la familia estaban a la orden del día.

El miedo a la pérdida, la falta de tolerancia al apego y la falta de estructuras fueron características reconocibles en el desarrollo posterior. Copió en su propia vida lo que Jörg experimentó en su infancia.

No puedo juzgar si todas las cosas que me sucedieron durante los años de relación y después fueron sus propias experiencias o, simplemente, una reacción a la pérdida.

En algún momento, en 2016/2017, después de escenas en las que Jörg estaba borracho y acostado encima de mi hijo, y él gritaba pidiendo ayuda, o el intento de secuestro en la escuela, tomé algunas sesiones de terapia. Era como una olla a presión con la válvula cerrada, lista para explotar en tu cara al momento siguiente.

Necesitaba un hilo conductor, una guía de condición, para poder mirar detrás de la fachada y darme cuenta de lo que podía hacer para sobrevivir a nuevos ataques contra mí o los niños. La policía responde cuando, literalmente, tienes un cuchillo en la espalda y estás medio muerto arrastrándote hacia ella. Tenía miedo, pánico. En momentos como este, una gran ciudad es solo un pueblo. Yo era muy reacia a salir de casa y cuando lo hacía me quedaba horas mirando la calle a través de las cortinas, buscándolo a él o a sus amigos.

Puedo decir lo siguiente para explicar el intento de secuestro de mi hijo. Solo por la guía y el consejo de Dios, Dios me pidió ese día que manejara por la ciudad con fiebre a pesar de tener gripe. Puso las palabras en mi corazón y en mis oídos: "Ve y salva a Falko. Ahora, ¡adelante!". A tres paradas de S-Bahn de la escuela y a 10 minutos a pie, el director me llamó angustiado y me preguntó si podía llegar rápido a la escuela. El padre intentó sacar a mi hijo de clase, lo esperó en la cerca durante el recreo y lo instó a venir conmigo. Le dije a la directora que estaría allí en 5 minutos y que mientras tanto debía llevar a mi hijo a un lugar seguro.

El director, un cristiano devoto, a quien intenté explicar la referencia divina, me entendió inmediatamente. Pude pasar desapercibida, al rato, con mi hijo por una salida lateral. El padre declaró más tarde ante el tribunal: "Se había reunido con el director".

Aprendí que no se trata de tu hijo. Se trata de ti. Se trata de perder el control, de "pérdida de propiedad" del niño, de volverse "feliz", algo que él mismo nunca había experimentado. Poder vivir sin violencia, algo que nunca aprendió. Tener conversaciones normales, algo que él mismo nunca había experimentado. Tener una vida familiar que él nunca tuvo. Todo lo que era normal, lo que quizás habías visto en una telenovela cursi sobre la vida familiar y con lo que podías empatizar. Se trataba de honor y orgullo. ¿Cómo te paras frente a tus amigos cuando otros descubren que tu amigo se ha escapado con el niño?

Ciertamente se pueden agregar muchos puntos debajo de esto, pero ¿cambiaría realmente algo?

No estoy hecha para esta violencia. No importa si se trata de violencia física o psicológica. No importa si son años de acoso, vigilancia, denuncia, insultos u otras prácticas inusuales en una relación. Algo así me asusta, me produce inquietud interior y me pone nerviosa. Veo su rostro, cada músculo tenso, escucho esa voz. No quiero escucharte más y preguntarme: "¿Hasta dónde llegarás para destruirme?".

La interpretación de Mateo 18, 20 se refiere a diferentes personalidades, que según Dios intencionalmente une por las diferencias. Estoy segura de que algo ha salido muy mal aquí.

Mi amado padre, te agradezco por darme tantos consejos para evitar el peligro. Te agradezco que tu voz sea siempre fuerte y poderosa en esos momentos, que no puedo ignorarla. Te agradezco que salimos ilesos de todas las situaciones. Te amo mi padre. En el nombre de Jesús. Amén.

"...quiero guardar mi corazón con toda diligencia,
porque la vida brota de ello". (Proverbios 4, 23).

"Si mis acciones agradan a Dios, que convenza incluso a mis enemigos de para hacer las paces conmigo". (Proverbios 16, 7).

PARTE 11

La psicología se encuentra con Jörg

Como resultado de muchos procesos judiciales que he tenido el privilegio de vivir a lo largo de 11 años, se encargaron dos peritajes. Los problemas aquí incluían asuntos familiares, acoso y agresión física.

Hasta entonces siempre pensé que sabía mucho sobre Jörg. A través de este informe aprendí tantas cosas increíbles sobre Jörg que realmente me sorprendieron. Pero juzgue usted mismo, una vez más, tal vez encuentre paralelos con su situación.

El primer informe se elaboró en 2016. Jörg habló mucho aquí y aprendí cosas que nunca había soñado. Incluso para mí, como persona de pensamiento positivo, el shock fue inevitable. ¿Estoy realmente tan equivocada acerca de esta persona? Aquí se describe a una persona completamente diferente, una persona que experimenté en la relación y otra persona diferente después de la separación.

Respecto a la infancia, la juventud y las relaciones familiares, Jörg afirmó que la juventud se vivió literalmente a través del ejemplo de sus padres, en el pub de sus padres. El padre era extremadamente violento y si intentaba frenar su impulsividad, la madre sentía la violencia. Una separación breve de los padres en el hogar no trajo ninguna mejora porque la madre regresó con su marido por los niños.

Jörg afirma que fue voluntariamente a un hogar para niños, donde la libertad que obtuvo "fue demasiado" para él, por lo que fue trasladado a un hogar para jóvenes con una educación difícil. De una relación de dependencia surgió nuevamente el contacto con el padre y este le prometió una educación no violenta. Desgraciadamente, esto no duró mucho y Jörg se encontró de nuevo ante las puertas de una residencia infantil pidiendo ayuda. Actualmente se nota la dependencia dentro de la familia. La propia madre, sumisa a su marido, soportó la violencia contra ella y los niños. Ella misma no pudo proteger a los dos niños, algo de lo que Jörg acusó repetidamente a su madre durante muchos años después. Luego continuó conmigo con el tono habitual de Jörg. La excusa que da es que no aprendió de otra manera. Pero a lo largo de los años de la relación se evidencia una mejora según él. ¿En serio? ¿Él lo ve así? Interesante, ¿por qué no sé nada de esto?

Percibía el contacto con su hermano, dos años menor, como un competidor por el favor de su madre. Con el paso de los años, el contacto se ha interrumpido por completo. Su historial de consumo de drogas es aterrador. Comenzó a fumar a los 8 años, tuvo su primer choque violento con el alcohol a los 10 años y fumó marihuana por primera vez a los 12 años. El LSD y otras drogas aparecieron bastante rápido.

A lo largo de los años, Jörg apenas ha comprendido los riesgos de las drogas y su consumo. Su pasado criminal con graves lesiones corporales y robos, así como en un centro de terapia social, no le llevó a ninguna idea real de cambio. Simplemente aprendió enfoques para abordar las disputas.

En lo que respecta a las asociaciones, Jörg se explica por las dos asociaciones anteriores. Con cada uno de ellos duró 3 años y la colaboración con él fue la más larga hasta la fecha.

La educación escolar era difícil y el contacto con los compañeros de clase solía caracterizarse por la violencia. En la comunidad del aula no podía planear. Pero Jörg, en gran medida, interrumpió la lección. Abandonó los estudios y consiguió obtener su certificado de finalización de estudios secundarios por la segunda vía. La carrera profesional de Jörg es manejable. "Tiene una cosa en mente", según la cual el trabajo no estaría en su lista de prioridades: aprendizaje abandonado, trabajadores eventuales (jornaleros), principalmente en la construcción, el paisajismo o en la recogida de basura municipal. Estas ofertas de trabajo nunca duraron mucho, porque, según sus propias declaraciones, tenía "muchos".

Al describirse a sí mismo, reconoce su tardanza, se siente amante de la justicia y está lleno de lealtad y confiabilidad. (Um, ¿comienzo de la oración?). Tiene un órgano muy ruidoso que es más negativo que positivo y a menudo se clasifica como agresivo.

Los cigarrillos y la marihuana se consumen a diario. No habría un consumo regular de alcohol, sino con prudencia, cuidado y en compañía. Luego toma café con whisky en casa, pero eso no vale la pena mencionarlo. El consumo de café fue fantástico.

Sus antecedentes penales se deben principalmente a lesiones físicas, según los cuales Jörg fue condenado tres veces, tenía antecedentes penales y fue condenado a prisión. En prisión recibió tratamiento psicoterapéutico, pero Jörg no lo percibió como tal. Encontró más agradable una institución de terapia social, pero, aun así, cometió algunos arrebatos. Hasta el día de hoy todavía recuerdo historias jactanciosas de prisión.

En general, Jörg fue descrito como una personalidad problemática, su consumo de diversas sustancias tóxicas que, debido a su comportamiento, ponía en peligro el bienestar del niño. En el informe de 2021, términos como control limitado de los afectos se utilizan con relativa frecuencia. Según sus propias declaraciones, empezó a fumar a los ocho años, Jörg se emborrachó por primera vez a los 10 años y consumió THC por primera vez a los 12 años.

Cuando era adolescente consumía LSD y desde los 19 a los 21 años consumía cada vez más diversas drogas. Su consumo de drogas se remonta a más de 36 años. Hoy en día se trata principalmente de 2 o 3 porros, dependiendo de su situación financiera, varias pastillas rápidas y droga de cocodrilo una vez al mes.

El tribunal, incluso, encargó un informe toxicológico. Se tomó una muestra de pelo de la pierna que contenía cannabinoides delta-9 tetrahidrocannabinol (THC), cannabinol (CBN), cannabidiol (CBD), anfetaminas y metamizol, un analgésico no opioide. Estas muestras de cabello se tomaron y examinaron varias veces en un trimestre. Los valores no habían cambiado.

Describió su situación de la siguiente manera: perdió su propio apartamento, vivió en el apartamento de su pareja en una nueva relación corta, se mudó a su sótano después de la separación y, finalmente, terminó en un refugio para personas sin hogar. Puede intentar vivir en una comunidad de vida asistida con otros dos hombres sin hogar, lo que estuvo acompañado de mucha violencia y perturbó la paz general. De vez en cuando, Jörg es trasladado a otros centros de acogida para personas sin hogar. Sus padres ya han muerto y todavía no hay contacto con su hermano menor. Se desconoce el lugar de residencia actual de Jörg.

La última información que recibimos mi abogado y yo en el último proceso judicial de 2021 fue la estancia en un refugio para hombres sin hogar en Berlín.

"Solo le pido una cosa al Señor, esto es lo que quiero: Habitar en la casa del Señor todos los días de mi vida, la bondad del Señor mirar y reflexionar en su templo". (Salmo 27, 4, GV).

"Dios está lejos de esos que no quieren saber nada de Él; pero escucha la oración de aquellos que lo aman". (Proverbios 15, 29, NVI).

PARTE 12

Lesiones corporales al niño

Para mí, ha llegado el momento que representa el obstáculo más difícil y duro de este libro. Te explica todo por qué es importante para mí que sepas sobre esto, que te cuides y no caigas en la misma trampa. Para mí, esta parte es uno de los momentos más emotivos y peores de la historia. Si vieras lo mucho que me tiemblan las manos y los dedos, lo inquieta que estoy y lo cerca que estoy de llorar, no podrías ayudarme.

¿Lo sabes? Solo siéntate ahí y de repente empiezas llorar, porque todo se vuelve demasiado. Ok, intentaré empezar:

Han pasado cuatro años desde que me separé de mi padre y todavía sigo acosada, vigilada, controlada, provocada, desgastada y acechada. Me siento como un hámster en la rueda de su jaula tratando de encontrar una salida a la situación y corriendo en el lugar porque nadie quiere creerme lo vil, calculador, provocativo, decidido y peligroso que es realmente este hombre. ¿Con qué frecuencia en esta vida tiene que pasar algo antes de que alguien te crea?

En el caso de los derechos de visita, el otro progenitor deberá conocer los datos de contacto como la dirección y el número de teléfono móvil. No importa cómo te sientas al respecto, pero en el momento importante en el que la otra persona tiene que alcanzarte, esto es necesario. El resto del tiempo no es necesario utilizar estos datos.

Las preguntas sobre la crianza de los hijos a menudo nunca coinciden con el otro padre y sus ideas, a veces, pueden ser dudosas. Todavía sería deseable una determinada estructura para garantizar al niño una cierta estabilidad. En mi caso fue completamente diferente. No sé si esto fue calculado y deliberado, o simplemente su actitud moral hacia ello, pero en el instinto maternal, el séptimo sentido o la sugerencia e impulso de Dios ese día fue diferente de lo habitual.

Durante una visita de fin de semana en la que mi hijo debía pasar un buen rato con su padre, llegó a casa en un estado completamente diferente al habitual. A mi hijo lo dejaron bajar del auto al costado de la carretera con su pequeña mochila, su padre me saludó rápidamente con la mano y luego se alejó al instante. Mi hijo vino corriendo hacia mí y lloraba amargamente. Se aferró a mi cuello y sollozó por lo mal que estaba todo y que no quería volver allí nunca más. Miré su rostro lloroso y vi la huella de una mano en su mejilla hinchada. Cuando alguien, sin importar quién, le hace algo a tu hijo, te vuelves impredecible. Castigar, reprender o inmovilizar a un niño indefenso mediante golpes no es el camino.

Mi hijo me cuenta todo acerca de que tenía hambre, pero no quería comer la comida que le daba su padre. Como no descansó y pidió otra comida, recibió una bofetada en la cara que le dolió mucho y estuvo visible por mucho tiempo.

Calmé a mi hijo, tomé fotos y llamé a la comisaría local. Nos dirigimos a la comisaría, donde el inspector tomó una denuncia por lesiones corporales a una persona bajo protección. A partir de entonces hubo constantes problemas durante los fines de semana. El padre tenso e irritable, mi hijo cauteloso, a veces reacio a interactuar y hostil. Intenté todo para hacerme oír, la oficina de bienestar juvenil y los abogados lo vieron de otra manera y tuve que entregar a mi hijo una y otra vez. El informe policial continuó y la oficina de bienestar juvenil, el tribunal de familia y los abogados tuvieron su propia opinión al respecto. Declaraciones como: "¿No crecimos todos siendo golpeados? ¿Y nos hizo daño?", fue lo más común que escuché. Me presionaron y coaccionaron para que retirara la denuncia penal. Solo haría daño al padre y él solo ama a su hijo que no pudo soportar la separación.

Fue una batalla contra los molinos de viento. La amenaza de violencia es punible en Alemania y, por tanto, puede ser perseguida. Jörg se disculpó con su hijo semanas después, argumentando que mi hijo lo había molestado y que no tenía otra salida que atacar. A mi hijo le pidieron que se asegurara de no volver a provocarlo hasta tal punto. Entonces ya no estaría en situación de hacer huelga. Después, tal vez meses, Jörg se retractó de haber dicho algo así.

Mi hijo se reveló a su terapeuta ocupacional, quien luego me habló al respecto. Le pedí que testificara en la próxima audiencia judicial. La denuncia penal conduce a una audiencia judicial. El padre no apareció, ningún abogado. Estuve presente como codemandante. El juicio transcurrió muy rápidamente y el padre fue condenado a un registro de antecedentes penales y a una multa de 900 euros, a pagar en cuotas diarias de 45 euros cada una. Posteriormente afirmó que no había recibido una citación para el juicio y quería oponerse. Sin embargo, este plazo ya había pasado.

Hubo otro incidente en el que intentó disciplinar a mi hijo. No fue en ayunas, pero mi hijo no comió nada en todo el fin de semana. Al parecer el padre se había olvidado de ir de compras el fin de semana con su hijo. Mi hijo volvió a casa el domingo por la tarde completamente deshidratado. Un niño pequeño que atacó el frigorífico y se comió todo lo que pudo en poco tiempo. Informé a la oficina de bienestar juvenil, que lo descartó como una trivialidad.

Tampoco se limitó a mostrarle su poder a mi hijo en la "tarde de curación" de la comunidad de la iglesia libre. Habíamos acordado que llevaría a nuestro hijo allí al final del fin de semana de contacto. Se sentó más atrás, en una habitación bien llena, solo escuché el grito aclaratorio de mi hijo y su intento de defenderse de su padre después de un rato. Los invitados sentados frente a mí reaccionaron y juntos intervinimos para liberar a mi hijo de la situación.

Mi hijo debe quedarse quieto, lo cual le resulta difícil si tiene TDAH. El padre intenta que lo haga con fuertes movimientos de manos y mi hijo rápidamente respondió con un cabezazo. El padre respondió con una bofetada.

A "él" se le prohibió la entrada a la casa y, después de informar a la oficina de bienestar juvenil y al abogado, solo podía esperar que finalmente se hiciera algo. Desafortunadamente, en Alemania el principio es que solo cuando tengas un cuchillo en la espalda y puedas arrastrarte hasta la policía, esta tomará medidas. De lo contrario se molerán molinos oficiales muy lentamente.

Aunque logré obtener una condena por lesiones corporales, la oficina de bienestar juvenil todavía intenta esconder esto debajo de la mesa.

> Lucha por tus derechos, lucha por ti y por tu hijo, no rendirse nunca. Nunca. Pelear la buena batalla sin ninguna violencia por la paz en el cuerpo, mente y alma. La gente me pregunta: "¿Qué es lo más valiente que has hecho alguna vez?". Mi respuesta: "Seguir adelante, aunque quisiera rendirme".

PARTE 13

El viaje es el destino

En los 10 años posteriores a la separación, acudí a los tribunales 19 veces para llegar a acuerdos extrajudiciales o audiencias judiciales. Luché, siempre tenía mi Biblia conmigo, la leía y oraba cada minuto libre, en el camino hacia y desde las audiencias judiciales, durante los descansos de las audiencias, la palabra de Dios me dio fuerzas para sobrevivir a todas estas negociaciones que Jörg quería usar en mi contra. La palabra de Dios también me dio la calma y la sabiduría para enfrentar la injusticia en el juicio.

No tengo una panacea ni un ancla salvadora para ti. Puedo compartir contigo mi experiencia, que me ayudó a recuperar mi meta, mi paz y mi corazón con la perseverancia y la persistencia con la fuerza de Dios.

Depende de ti, solo tú decides qué uso le das, si es factible para ti o si, simplemente, necesitas tiempo para el momento adecuado. No puedo garantizar que mis consejos sean igual de efectivos para ti, pero ahí lo tienes, ¿qué tienes que perder ahora? Quizás uno o dos intentos fallidos, nada más.

Enumeraré mis consejos aquí sin ningún orden en particular:

Todos los ofrecimientos que los juzgados de familia le hacen, le ofrecen, le ordenan asistir a determinados grupos de discusión o grupos de separación, hágalo. Haz esto sin la pareja separada, usando horarios o días diferentes si es necesario. Haz que su participación sea confirmada por escrito. Esto demuestra tu voluntad de cooperar.

No dejes de asistir a cursos como "*Kind im Blick*" en Alemania. Esto está basado en el distrito y también se puede visitar sin un socio, gratis y realmente recomendado. Aprendes cuán inconscientemente arrastraste a tu hijo a esta separación. Aquí recibirá un certificado después de completarlo con éxito, algo que siempre alegra a un tribunal de familia, mientras que el narcisista tiene problemas, incluso para completarlo.

Mantenga un cuaderno de notas para los días de contacto/visita. En él se introduce brevemente todo lo importante que el otro padre necesita saber. Al revés, por supuesto, es todo lo que debes saber. Esto le ahorra siempre discusiones y malentendidos por no saber algo. También es una buena prueba para la oficina de bienestar juvenil y el tribunal de familia.

Si se producen lesiones que van más allá de un trinquete, vaya a la clínica de prevención de violencia o a la sala de emergencias, registre y pida un examen y fotografías. Piense en la prueba del derecho de familia.

Si estás acechando, recoge todo. Realmente cualquier cosa que demuestre que esto está lejos de ser normal: captura de pantalla del celular, impresiones de *Messenger*, etc. En mi caso fueron más de 72 páginas, desde registros en sitios porno, sitios de citas, empresas de venta por correo, mensajes en forma de capturas de pantalla del celular y de redes sociales.

Si surge la duda sobre el informe psicológico familiar, acéptalo. Pida que lo haga una persona del sexo masculino. Hay suficientes mujeres en las profesiones de los tribunales, la oficina de bienestar juvenil, las tutoras *ad litem* u otras instituciones. ¿Necesitas la pregunta y cuál es el objetivo del informe? Asegúrate de hacerlo de manera positiva; después de todo, lo estás haciendo por ti mismo. Pensar negativamente y hacer acusaciones demuestra inmadurez y podría interpretarse en el tribunal como que no eres capaz de afrontar la separación. Si hace un espectáculo, déjalo. Esto solo juega a tu favor de forma positiva.

Incluso si es inusual y acabas de sentirte herida emocionalmente, elige a un hombre y pregúntale sobre sus referencias y su experiencia con el narcisismo en una ruptura.

Si los jueces o los abogados son parciales, no temas en tomar las medidas necesarias con tu abogado. Di este paso, que no es común y requiere mucha evidencia. A mí me fue bien y, tras pasarme a gente masculina, obtuve una buena conclusión.

Recoger pruebas, siempre a través de confirmaciones, declaraciones juradas, capturas de pantalla o certificados médicos. Simplemente todo, no olvides nada. Es mejor tener demasiada confirmación que muy poca.

Los derechos de acceso se aplican al niño y no a ti. Has perdido tu derecho a "determinar" o "tener voz" en tu vida por toda la eternidad.

Muy importante, cambia tus datos como dirección de correo electrónico y número de teléfono. Tenía un número de teléfono solo para horarios de contacto, así podía ahorrarme el terror entre días. Una nueva dirección de correo electrónico te ahorra problemas, si tu expareja te registra en empresas de venta por correo, sitios de pornografía, sitios de citas, bloquéalo en las redes sociales lo antes posible. Si finge que no puede comunicarse contigo, tiene un abogado y una dirección postal. Y para un fin de semana tranquilo, no abras el correo hasta el lunes. De todos modos, no puedes hacer nada los viernes porque tu abogado también disfrutará del fin de semana.

Aquí también, definitivamente, podría darte dos páginas más de consejos. Pienso que es suficiente. Ya sabes qué hacer ahora. Dios también ama a esta persona. Simplemente no era la persona adecuada para ti, ni tú la persona adecuada para él. No mereces violencia nunca.

Pon tu confianza en Dios. Todo siempre saldrá bien al final.

Es hora de abrir la parte final. Esta parte es importante, crucial para todo lo que Dios tiene reservado para ti después y todo lo que fluirá hacia ti. Es importante para la curación.

Te invitamos a copiar o complementar mi texto como mejor te parezca. Elige un momento de absoluta calma y luego respira profundamente, cálmate por dentro y di las siguientes palabras con todo tu corazón...

PARTE 14
Perdón

Mi Padre Celestial, mi Creador y Salvador, te llamo para pedir ayuda y te ruego, con tu mensajero celestial, para apoyar mi proyecto. Quiero el alma de Jörg obligada a ayudarme a ser libre. Por eso ahora le hablo al alma de Jörg, que escuche atentamente lo que tengo que decirle: "Estás ligado a mí porque me causaste dolor en tu camino. Te dejaré ir, estoy listo para perdonarte ahora. Quiero que el dolor que experimenté quedó en las manos de Dios, se acabó para mí y no regreses nunca. Te perdono y deja que todo se vaya ahora. Es difícil para mí pensando en todos los malos momentos. Anotando esta fase de la vida revivo cada momento. Incluso si no tuvieras ningún arrepentimiento en todos estos años, quiero perdonarte hoy y liberarme del dolor. Padre mío, los mensajeros celestiales que se reúnen a mi alrededor comparten con el alma mi deseo de perdón, libertad del dolor, con el Padre celestial, protege el alma de Jörg también de más dolor, sufrimiento y miedo innecesarios. Llena nuestros corazones con todo tu amor y fuerza. En el nombre de Jesús. Amén.

PARTE 15
Confesar

Me gustaría invitarte, si aún no has conocido a nuestro padre, a que lo hagas hoy. Puede que solo te lleve un minuto y te cambiará para siempre.

Mi Padre Celestial, sé que soy un pecador. Por favor, perdóname por mis pecados para que pueda acudir a ti con un corazón puro. Prometo que confío en Jesús, tu hijo.

Creo que Jesús tomó mis pecados y murió por mí.

Creo que Jesús resucitó de entre los muertos.

Creo en el Espíritu Santo y los tres dioses.

Confieso que hoy entrego mi vida a Jesús.

Gracias, Dios, por tu perdón y la vida eterna que me das. Gracias por amarme tanto y aceptarme como tu amado hijo. Por favor, ayúdame a vivir para ti. En el nombre de Jesús. Amén.

PARTE 16
Reanudar

Esta área tomó mucho tiempo, mucho tiempo para ordenar mis pensamientos, mucho tiempo para dejar que mis lágrimas fluyeran hasta el final y mucho tiempo para poder ordenar mis sentimientos en un paquete, para poder poner esto en manos de Dios.

Han sucedido muchas más cosas que no tienen cabida aquí o donde una mala acción, contra mí o contra mi hijo, seguiría a la siguiente. Hubo muchas cosas que me afectaron tanto emocionalmente que tuve que encontrar otra manera de deshacerme de ellas. Perdón, al bosque y "desahogarse".

He tratado de contarte aquí, con mis emociones y sentimientos, qué campo de batalla puede causar una sola persona en tu vida cuando te enamoras y se convierte en la persona más cruel e hiriente de tu vida. No ves lo que hay detrás de una fachada humana hasta que la otra persona se te revela.

Si la atracción es tan profunda que sientes que nunca podrás salir de ella y solo quieres vivir con el dolor y la lesión, déjame decirte:

Existe ese camino ahí fuera. Él está ahí esperándote.
Este camino es nuevo para ti, con muchas impresiones

interesantes y emociones, con mucha gente que no son como Jörg y a la espera que la conozcas.

Tal vez, en mi caso fueron 10 años. ¿Necesitas algo? Un poco de tiempo, poder volver a confiar en una persona, para dejarlo entrar en tu corazón y estar feliz, satisfecho y equilibrado de nuevo. Tal vez vayas hoy solo, ve a la puerta y descubre un mundo completamente nuevo y diferente, eso es simplemente bueno para ti y donde no necesitas tanto tiempo como yo.

La ruta es la meta. ¿Por qué me tomó tanto tiempo? Porque mi dolor era tan profundo y tenía que salir a la superficie para que, finalmente, pudiera encontrar una manera de salir y poder sanar.

Ayer le pregunté a mi amigo por correspondencia: "¿Y si Jörg se decide por Dios hoy, mañana o el mes que viene o dentro de unos años, Dios le perdonará todo?". De hecho, ¿todo el dolor que ha causado a todas las personas? Para decirlo sin rodeos, sí.

Atrás me quedo yo, que aún no lo ha perdonado porque "todavía me estoy curando". Sé lo que Dios quiere de mí con este libro: ¡Perdónale!

Mi temor es que pueda volver a hacerlo. ¿Le volverá a hacer daño a mi hijo? ¿Puedo proteger siempre a mi hijo de esto? ¿El acoso finalmente llegará a su fin? ¿Cuánto más puede tomar? ¿Con qué frecuencia tengo que mudarme y buscar un nuevo hogar para encontrar paz y seguridad? Tú nunca puedes estar segura.

Lo cierto es que Dios me regala cada día algo nuevo y me da la oportunidad de aprovecharlo lo mejor posible. Mi hijo sigue creciendo y se ha vuelto muy fuerte en este ámbito de la vida. No necesito preocuparme.

"¿No tienes miedo de que esto nunca termine?". Me he hecho exactamente esta pregunta durante años. Hubo momentos en que lo había olvidado y hubo momentos en que el pensamiento no me dejaba ir.

Si una gaviota vuela hacia una ventana, ¿se detiene después porque le duele?

Una vez que te has resbalado y caído, y la gente ha visto lo vergonzoso que fue, ¿dejas de salir por la puerta porque podría volver a suceder?

Una vez que te has atragantado y sientes que estás a punto de ahogarse, ¿dejas de beber o comer porque podrías volver a ahogarte?

Una vez que le diste tu corazón a alguien, nunca quisiste nada más y se convirtió en un campo minado. ¿Entonces cierras los ojos y obtienes un corazón de piedra porque ya nadie puede amarte porque podrías volver a enamorarte de alguien así?

Si cometiste un error en tu vida por el cual fuiste castigado, entonces, ¿permanecerás en prisión "extra" para que puedas castigarte aún más y perder la oportunidad de mantener todos tus proyectos y sueños por el resto de tu larga vida por implementar?

Okay, esta es una comparación que quizás no se haya expresado adecuadamente con palabras, pero la persona a la que me dirijo ahora entiende exactamente lo que quiero decir.

¿Por qué estoy escribiendo este libro para ti?

Mientras iba camino a la iglesia, Dios me pidió que escribiera un libro al respecto para poder ayudar con mis experiencias a aquellos que han tenido vivencias similares o personas que actualmente se encuentran en esta situación.

Con este libro quiero darte coraje, poder, fuerza, energía, confianza, amor, perseverancia, un corazón sanador y hacerte saber que puedes hacerlo.

Al pasar la página encontrarás una nueva página tan maravillosa y grandiosa, que muestra todo lo que te espera, lo grande que es la gente y lo mucho que Dios te ama desde el primer momento y con todo su corazón. No sospecháis lo que ya se acabó con este libro y esta página.

Recupera tu vida y haz algo grandioso con ella. ¿Estás listo?

Luego habrá un nuevo capítulo en un libro magnífico y único: "Tu libro de la vida".

"Dondequiera que vaya, el Señor me da la victoria".
(2 Samuel 8, 6, NVI).

Sobre el Autor

Christine Kern creció con un pasado muy conmovedor, lleno de muchos obstáculos y vivencias desagradables. Christine entró en relación con Dios en el momento adecuado y supo distanciarse del pasado difícil y doloroso, y de sus malas experiencias. Bendecida por muchos testimonios maravillosos y encuentros con Dios, Christine pudo cumplir la misión que Dios le había encomendado de escribir el primer libro: "La salida de la memoria", como una guía útil para otros. Christine quiere llegar a todas las personas que se encuentran en situaciones similares y mostrarles una manera de tomar el control de sus vidas. Fiel al lema: "El viaje es el destino", Christine está acompañada por su mejor amigo, Dios.